Ukraine
Moldavien
Bukarest
Istanbul
Georgien
Armenien
Aserbaidschan
Turkmenis
Türkei
Mosul
Tehran
Syrien
Irak
Zypern
Libanon
Baghdad
Iran
Israel
Alexandria
Jordanien
Kairo
Ägypten
Qatar
Saudi-Arabien
Vereinigte
Arabische
Emirate
Oman
Sudan
Sana'a
Jemen
Khartoum
Eritrea
Äthiopien
Süd Sudan
Somalia
Uganda
Kenia

Der Kampf um
die arabische Seele

MARCEL POTT

Der Kampf um die arabische Seele

Der steinige Weg zur islamischen Demokratie

Kiepenheuer & Witsch

FSC
www.fsc.org
MIX
Papier aus verantwortungsvollen Quellen
FSC® C014496

Verlag Kiepenheuer & Witsch, FSC® N001512

1. Auflage 2012

Umschlaggestaltung: Rudolf Linn, Köln
Autorenfoto: © Melanie Grande
Karte: Oliver Wetterauer
Gesetzt aus der Stempel Garamond
Satz: Buch-Werkstatt GmbH, Bad Aibling
Druck und Bindung: GGP Media GmbH, Pößneck
ISBN 978-3-462-04407-2

Für Simmi, Laura und Elena Sophia

Inhalt

Vorbemerkung

Ägypten beeinflusst mit seiner politischen und soziokulturellen Entwicklung maßgeblich den Gang der Dinge in der arabischen Welt. Seit der Antike spürt die Region den ägyptischen Einfluss. In den Jahrzehnten nach dem Zweiten Weltkrieg (1939–1945), als die Araber versuchten, die Fesseln der europäischen Kolonialherrn ein für alle Mal abzuwerfen, war es Gamal Abdel Nasser, der mit seinem panarabischen Nationalismus die arabische Psyche gefangen nahm.

Sechzig Jahre später ist es der »arabische Frühling« mit seinen unberechenbaren Folgen, der die arabische Seele zuerst entzückte und sie nun bedrückt.

Im Jahr 2011, als der Aufstand der jungen Avantgarde zunächst in Tunesien und dann in Kairo den revolutionären Stein ins Rollen brachte, blickten die Araber und die Welt vor allem nach Ägypten. Das Geschehen im bevölkerungsreichsten Land der Araber fesselte die Beobachter in besonderem Maße, weil es seine Wirkung auf die anderen arabischen Gesellschaften nicht verfehlen konnte. Gewiss sind alle revolutionären Schauplätze in der Region relevant. Schließlich mussten außer in Tunesien und in Ägypten auch in Libyen und Jemen die Tyrannen weichen. Aber Ägypten besitzt eine paradigmatische Bedeutung und steht deshalb im Mittelpunkt unserer Betrachtung.

Darüber hinaus geht es in diesem Buch auch um das Libyen nach Gaddafi, die Reformbemühungen in Tunesien und das gespannte Verhältnis zwischen den Muslimbrüdern und einigen konservativen Golfmonarchien, vor allem Saudi-Arabien. Der syrische Krieg mit seinen regionalen und internationalen Verwicklungen findet ebenso Beachtung. Die Feindschaft zwischen Saudi-Arabien und Iran schlägt sich in diesem Konflikt nieder und auch das gespannte Verhältnis zwischen Sunniten und Schiiten, den beiden großen »Konfessionen« der Muslime. Nicht zu vergessen die Rivalität zwischen Russland und den USA, die dazu beiträgt, den Krieg in Syrien zu verlängern.

Als sich bei Wahlen zeigte, dass die Islamisten die Nutznießer des Machtwechsels waren und die revolutionäre Jugendbewegung praktisch leer ausging, verflog die westliche Begeisterung über den »arabischen Frühling« so schnell, wie sie gekommen war. Ratlosigkeit machte sich breit. Denn es zeigt sich, dass in der Welt der Araber der Islam bei der breiten Bevölkerung eine wichtige Rolle spielt. Diese Einsicht erhöht den Erklärungsbedarf im Westen noch.

Nicht nur in Tunis, in Kairo und Alexandria jubelten die Islamisten – auch in Marokko, Libyen, Syrien und im Jemen sind die islamistischen Kräfte bestimmend oder mitbestimmend. Und die Liste der Länder, in denen der politische Islam über eine strukturelle Mehrheit verfügt, ließe sich ohne Weiteres fortsetzen.

Also stellt sich die drängende Frage: Warum haben die arabischen Massen und große Teile des Mittelstandes in aller Freiheit islamisch gewählt? Aus Treue zum Glauben oder aus Dankbarkeit für soziale Wohltaten der Muslimbrüder? Oder vielleicht wegen des Programms der islamistischen Parteien?

Schnell drängen sich weitere Fragen auf: Welche Konsequenzen hat der Erfolg der Islamisten für Politik und Gesellschaft? Folgt auf die Despotie der von Militär und Geheimdiensten getragenen Herrscher eine »Gesinnungsdiktatur« der frommen Ideologen? Was wird aus den weltlich orientierten Reformern, die auch gute Muslime sind, aber Religion und Politik, Glauben und Staat voneinander trennen wollen? Und schließlich: Was ist eigentlich unter politischem Islam zu verstehen?

Wie reagiert das ägyptische Militär, das sich als Hüter des säkularen Staates versteht? Werden die Generäle eine taktische Allianz mit den Muslimbrüdern eingehen, um ihre wirtschaftlichen Interessen und ihre politischen Privilegien zu schützen? Bleiben damit die säkularen Reformer endgültig auf der Strecke?

All diese Fragen behandeln wir im Buch, um verständlich zu machen, was in den arabischen Ländern des Umbruchs vor sich geht.

Am Beispiel der Muslimbrüder in Ägypten etwa wird deutlich, dass mit dem Sturz des Tyrannen ein dynamischer Prozess begonnen hat, in dem verlässlich erscheinende Annahmen schnell wieder ins Wanken geraten können. Das trifft zum Beispiel auf die Popularität der frommen Brüder zu, die innerhalb weniger Monate stark abnahm, weil gebrochene Zusagen ihnen Glaubwürdigkeit nahm. Im Laufe der bisherigen Übergangsphase ist klar geworden, dass viele Menschen in den arabischen Gesellschaften nach Orientierung suchen. Vertraute Gewissheiten und Zuordnungen werden fragwürdig, weil die alte Ordnung brüchig geworden ist und der Weg in die Zukunft unsicher und beschwerlich erscheint. Alles ist im Fluss. Nach monatelangem Chaos und wirtschaftlichem Niedergang sehnen sich die Menschen nach Ruhe und Normalität.

Wer schafft diese Ruhe?

Die Armee?

Die Konfrontation zwischen den säkularen und den religiösen Kräften spitzt sich zu. Die immer noch einflussreichen Kader des alten Regimes versuchen unterdessen, verlorenes Terrain gutzumachen. Die Generäle kleben an ihrer Macht. Das Ringen der unterschiedlichen Strömungen schafft ein Spannungsfeld, das für die ägyptische Gesellschaft zur Zerreißprobe wird. In ihrem Innersten ist die Gesellschaft zutiefst gespalten. Die arabische Seele scheint in diesem Kampf gefangen. Es ist ein Kampf, den unter den gegebenen Umständen weder die Islamisten noch ihre säkularen Rivalen oder die Armee ganz für sich entscheiden können, ohne die Gesellschaft in den Abgrund zu reißen.

Ägypten: Hier entscheidet sich das Schicksal der arabischen Welt

KAIRO, IM RAMADAN, ENDE AUGUST 2011

Als sich der Aufzug in Bewegung setzt, ertönt plötzlich über mir ein arabischer Sprechgesang: »Subhana allasi sachara lana hasa wa ma kunna lahu mukrinin – Preis sei dem, der uns dies dienstbar gemacht hat. Wir selbst wären hierzu niemals imstande gewesen« (Koran-Sure 43, Az-Zuhruf, Vers 13).

Warum erklingt im Aufzug eines Bürogebäudes mitten in der Megametropole Kairo eine Koranrezitation mit der Lobpreisung des Allmächtigen?

»Es geht um den Dank an den Herrn, der es dem Menschen ermöglicht, sich mithilfe moderner Technik bequemer fortzubewegen, als er es aus eigener Kraft vermag. Dahinter steckt die Einsicht des Gläubigen: Alles Gute geht auf seine wahre und ursprüngliche Quelle zurück – Allah. Und das gilt eben auch für die Errungenschaften moderner Technik.« So erklärt es mir Osama, der mich auf meinen Wegen durch die ägyptische Hauptstadt begleitet. Von ihm höre ich zudem, dass im Koran an dieser Stelle auch die Rede davon ist, dass Allah »für euch die Schiffe und das Vieh erschaffte, sie zu besteigen, auf dass ihr auf ihren Rücken sitzet«, heutzutage aber jede Art menschlicher Fortbewegung, ob im Lift, im Auto oder im Flugzeug, der Danksagung des Gläubigen an den Herrn bedarf. »Denn ohne IHN vermögen wir nichts«, betont Osama und unterstreicht damit die Haltung der gläubigen Muslime in Ägypten.

Wir sind mit Rafaat verabredet. Auch Rafaat, der von Beginn an bei den Demonstrationen auf dem Tahrir-Platz im Winter 2011 dabei war, ist ein praktizierender Muslim. Er schätzt, dass mindestens achtzig Prozent seiner Landsleute, genau wie er, ihre islamischen Glaubenspflichten erfüllen. »Ägypten ist ein frommes Land. Und das gilt nicht nur für die Muslime, sondern auch für die Christen. Die ganze Welt hat das sehen können, als wir uns wechselseitig bei unseren Gebeten auf dem Tahrir-Platz unterstützt haben«, sagt er nicht ohne Stolz. Der Mittvierziger Rafaat sieht sich als Aktivist der »Jugendbewegung des 6. April«. Diese schon 2008 auf Facebook ursprünglich zur Unterstützung streikender Arbeiter gegründete Gruppe versammelt ideologisch nicht gebundene Reformkräfte, die einen zivilen Rechtsstaat anstreben.

»Es ist ein Sammelbecken mit vielen säkular gesinnten Mitgliedern, aber es gehören auch gemäßigte Gläubige wie ich dazu«, sagt Rafaat. »Wir alle wollen Freiheit und soziale Gerechtigkeit.« Und dann betont er die wichtige Rolle, die der »6. April« bei der Organisation der Demonstrationen am 25. Januar 2011 gespielt hat, die schließlich den ägyptischen Volksaufstand auslösten und den Sturz von Präsident Mubarak herbeiführten.

Rafaat wohnt in Nasr City, einer Satellitenstadt im Osten Kairos, in der überwiegend Angehörige des ägyptischen Mittelstandes leben. Er verdient sein Geld als Reiseleiter und hat uns zum Fastenbrechen zu sich nach Hause eingeladen. Auf dem Weg dorthin lenkt er sein Auto geschickt durch den chaotischen Verkehr. Ohne den Blick von der Straße zu wenden, erzählt er enthusiastisch von den 18 Tagen der Revolution: »Meine ganze Familie hat während dieser Zeit auf dem Tahrir-Platz kampiert. Meine Frau, unsere drei Söhne und ich. Wir hatten das Glück, dass meine Schwiegermutter gleich in der Nähe wohnt. Bei ihr konnten wir uns waschen und umziehen. Außerdem hat sie für uns gekocht. So fehlte es uns an nichts. Und wir waren in der Lage, uns ganz auf die Auseinandersetzung mit den Sicherheitskräften des Regimes zu konzentrieren.« Rafaat lässt die Ereignisse bis zum Sturz von Präsident Mubarak Revue passieren. Besonders die blutigen Zusammenstöße mit der äußerst brutal vorgehenden Polizei beschreibt er in drastischen Worten. Die Angst, die sie alle ergriff angesichts der Toten und Verletzten, verschweigt er nicht. Ein bisschen überrascht über die eigene Standhaftigkeit von damals scheint der Familienvater heute noch zu sein.

Im Aufzug, der uns in den dritten Stock von Rafaats Haus befördert, ist wiederum der fromme Sprechgesang aus dem Koran zu hören. An der Wohnungstür erwartet uns Mona, Rafaats Ehefrau. Sie trägt ein Kopftuch, eine weit geschnittene, hochgeschlossene Bluse und einen langen Rock. Sie bietet uns Wasser und Säfte an. Im Flur vor dem Wohnzimmer liegt ein kleiner Gebetsteppich. Während Mona in der Küche verschwindet, ziehen sich Osama und Rafaat die Schuhe aus und machen sich bereit zum Gebet, das dem abendlichen Fastenbrechen vorausgeht.

Beim Essen dreht sich das Gespräch um die politische Zukunft Ägyptens. Wie groß sind die Chancen für eine demokratische Entwicklung? Wird die herrschende Militärjunta nach den Wahlen jemals die Macht an eine zivile Regierung abgeben? Und welche Rolle werden die Muslimbrüder und die anderen islamistischen Gruppen in Ägypten künftig spielen? Von der Begeisterung, mit der Rafaat die Revolution geschildert hat, ist jetzt kaum mehr etwas zu spüren. Eher eine gewisse Entschlossenheit, an den Zielen der Revolution festzuhalten, trotz aller Hindernisse auf dem Weg zur Freiheit, die inzwischen im Lande unübersehbar sind.

Mona macht klar, dass sie nicht für die Muslimbrüder eintritt. Aber die Lehrerin argumentiert pragmatisch: »Wenn sie im Parlament die stärkste Fraktion stellen, ist das für mich keine Katastrophe. Sie müssen sich beweisen. Wenn sie es nicht schaffen, für mehr soziale Gerechtigkeit zu sorgen, haben sie versagt. Mit frommen Reden allein können sie die Ägypter nicht abspeisen. Das Volk erwartet den Aufbau einer sozialen Marktwirtschaft, die Schaffung von Arbeitsplätzen und die Einführung eines Mindestlohns. Bleiben solche Reformen aus, werden die Muslimbrüder bei späteren Wahlen wieder verlieren.«

Heliopolis, wo Macht und Reichtum aufeinandertreffen

Zwei Tage später schieben wir uns am späten Abend durch den dichten Verkehr von Heliopolis. Eine halbe Stunde vor Mitternacht erreichen wir endlich das Concorde El Salam Hotel. Während des Fastenmonats Ramadan ist es nicht ungewöhnlich, sich zu einer solchen Zeit zu verabreden. Die Luxusherberge liegt in einer vornehmen und ruhigen Gegend dieses Vorortes von Kairo. Dort befindet sich auch der Präsidentenpalast, in dem Hosni Mubarak residierte, bis er die Macht verlor. Ebenfalls in Heliopolis befindet sich das Hauptquartier der ägyptischen Streitkräfte und das der Luftwaffe, die der gestürzte Herrscher früher selbst einmal befehligt hatte. Der Luftwaffenstützpunkt Almaza ist ebenfalls nicht weit entfernt.

Jene Kräfte, auf die Mubarak über dreißig Jahre seine Macht stützte, umgaben ihn wie ein Schutzschild mit gezielt symbolischer Ausstrahlung auf das Volk der Ägypter. Als Feldmarschall Mohammed Tantawi und die anderen von Mubarak eingesetzten Generäle am 11. Februar 2011 ihren Herrn vom Thron stoßen, hat sich der Oberste Militärrat auf die Seite des Volkes geschlagen. Auf den ersten Blick. Bei genauerem Hinsehen aber erscheint der »revolutionär erzwungene Sturz des Pharaos« nicht als Regimewechsel, sondern als Militärputsch. Die von den Demonstranten skandierte Parole »Das Volk und die Armee sind eine Hand« erweist sich als hohle Phrase. Das Versprechen der Militärs, sich für die Ziele der jungen Reformer einzusetzen, wirkt als Beruhigungspille, um den revolutionären Elan der Aktivisten verebben zu lassen. Der Coup dient der Militärkaste zur Wahrung ihrer Pfründe.

Der Feldmarschall und die Generäle ließen ihren Mentor fallen, als erkennbar wurde, dass Mubarak nur noch auf Kosten der Armee und ihres Ansehens als Garant der nationalen Einheit zu halten sein würde. Sie hatten für diese Entscheidung noch ein weiteres Motiv: den Plan Mubaraks zu vereiteln, seinen Sohn Gamal als Nachfolger zu installieren. Sie hielten den jungen Mubarak für nicht geeignet, das Präsidentenamt zu übernehmen: Er verfügt nicht über einen militärischen Hintergrund, er ist relativ unerfahren und verdankte seine Position allein seinem Vater. Eine Familiendynastie des Mubarak-Clans aber wollten die Generäle keinesfalls legitimieren. Das widerspricht dem Selbstverständnis der Militärkaste. Schließlich verdankt die Generalität ihre Stellung in Staat und Gesellschaft der Beseitigung einer Erbmonarchie. Darüber hinaus macht Gamal als Generalsekretär der Staatspartei NDP eine neoliberale Wirtschaftspolitik, die zwar eine Schicht reicher Privatunternehmer bevorteilt, die ökonomischen Interessen des Militärs jedoch bedroht. Damit schadete der junge Mubarak nicht nur den

Durchschnittsbürgern, sondern auch der Elite des öffentlichen Sektors, zu der viele hohe Armeeoffiziere zählen. Das neoliberale Konzept untergräbt die Pfeiler des von Nasser etablierten soziopolitischen Systems, das auf militärischer Kontrolle über die Kernbereiche der Wirtschaft und der staatlichen Bürokratie beruht.

Viele Jahrzehnte ist die Armee in diesem Lande schon an der Macht. Seit Gamal Abdel Nasser mit seinen freien Offizieren König Faruk 1952 ins römische Exil schickte, sind ihre Nachfolger nicht mehr in die Kasernen zurückgekehrt. Sie lenken die Geschicke des Landes zu ihrem eigenen Wohl und scheuen dabei das Licht der Öffentlichkeit. Entrückt vom Alltag der Menschen, pflegen sie eine Kultur des Schweigens, um ihre enormen Vorrechte auszuüben.

Das Militär kontrolliert etwa dreißig Prozent der ägyptischen Wirtschaft. Die Generäle managen ein ganzes Imperium gewinnorientierter Firmen. Die Betriebe besitzen öffentlichen Grund und Boden, den sie sehr preiswert erworben haben. Steuern zahlen die Unternehmen der Armee nicht. Und keine zivile Instanz kann der Armee bisher in den Arm fallen. Eine Kontrolle ihrer wirtschaftlichen Aktivitäten gibt es faktisch nicht. Im Übrigen erhalten viele der vom Militär kontrollierten Firmen staatliche Zuschüsse. So sind sie in der Lage, ihre Erzeugnisse günstiger herzustellen als ihre Konkurrenten in der privaten Wirtschaft. Mit einem doppelten Effekt: Die Generäle verzerren den Wettbewerb und fördern tatkräftig die Vetternwirtschaft.

Dr. Khaled hat uns in das Fünfsternehotel Concorde eingeladen. Er und Osama sind Studienfreunde. »Wir treffen uns am Pool«, sagt Osama, während wir die weitläufige Hotelterrasse überqueren und über ein paar Stufen den gepflegten Palmengarten erreichen. Khaled erhebt sich, um uns zu begrüßen. Er ist Banker. Auch sein Vater war schon erfolgreich im Bankgeschäft tätig. Khaled hat in Deutschland Betriebswirtschaft studiert und promoviert, genauso wie sein Vater, der dort seine Frau, Khaleds Mutter, kennengelernt hat.

Khaled und seine Frau Heba, die ebenfalls gut Deutsch spricht, sitzen am Rande des erleuchteten Swimmingpools. Ohne Umschweife kommen wir zum Thema. »Der Sturz von Präsident Mubarak wird die Verhältnisse in Ägypten auf den Kopf stellen. Und davor haben wir Angst«, sagt Khaled.

»Unter Mubarak gab es viele Probleme, und Reformen waren überfällig, aber die neuen Herrn des Landes werden jetzt die Muslimbrüder sein«, setzt Heba hinzu. Sie fährt sich durch ihr schulterlanges, braunes Haar. »Nichts und niemand kann mich dazu bringen, ein Kopftuch zu tragen und dazu noch einen knöchellangen Rock. Wenn die Bärtigen die sogenannte islamische Moral in Ägypten für allgemein verbindlich erklären, dann gehen wir zurück nach Europa«, bekräftigt Heba und schaut dabei ihren Mann an.

Khaled nickt, weist aber auch darauf hin, dass er durchaus mit den Forderungen der jungen Aktivisten nach Freiheit und Demokratie übereinstimme. »Doch ich will nicht in einem religiös bestimmten Staat leben, in dem liberales Denken und Handeln als unislamisch oder als gottlos gebrandmarkt werden. Womöglich gibt es unter der Herrschaft der frommen Brüder sogar eine islamische Sittenpolizei, so ähnlich wie in Saudi-Arabien.« Mit diesen Worten erhebt er sich und begrüßt einen großen, breit gebauten Mann, der an unseren Tisch tritt. Er ist glatt rasiert und trägt einen elegant geschnittenen Anzug von feinstem Tuch. Seine Frau ist nahezu gleich groß und konservativ gekleidet. Sie trägt einen Hijab, ein eng anliegendes Kopftuch, das ihr Haupthaar bedeckt, und einen langen, weit geschnittenen Rock. Khaled stellt den neuen Gast als seinen Freund Nader vor, der Interessantes zu unserem Gespräch beisteuern könne.

Nader selbst macht keine Anstalten, sich über seine Identität und seine berufliche Tätigkeit deutlicher zu erklären. Nur beiläufig erwähnt er, dass er fünf Jahre an der ägyptischen Botschaft in Tel Aviv zugebracht hat. Auf meine wiederholte Frage, ob er im diplomatischen Dienst sei, bleibt er die Antwort geschickt schuldig, ohne ganz unhöflich zu erscheinen. So mächtig sein Körperbau wirkt, so geschmeidig ist Naders Rede. Vieles, was er sagt, bleibt vage, dennoch wird deutlich, dass er den Militärrat (SCAF) für die einzige Kraft hält, die Ägypten in den Zeiten des Übergangs und darüber hinaus vor Chaos und Untergang bewahren könne: »Es wird mindestens zehn Jahre dauern, ehe Ägypten wieder ein stabiles Land ist. Es stimmt, dass die Generäle bis zu einem gewissen Punkt mit den Muslimbrüdern kooperieren. Aber nicht etwa, weil sie mit ihrer Ideologie sympathisierten. Vielmehr sehen sie in den Muslimbrüdern die einzige organisierte Kraft, die praktisch im ganzen Land in der Bevölkerung verwurzelt ist. Stabilität kann der Militärrat nur mit den Muslimbrüdern, nicht gegen sie herbeiführen. Der Rat spricht aber auch mit den jungen Leuten der Demokratiebewegung, um zu ergründen, welche konkreten Vorstellungen sie für Ägypten haben. Das ist keine ganz einfache Sache, weil die jungen Revolutionäre sich nicht einig sind und kein politisches Programm vorweisen können.«

Was Nader an dieser Stelle nicht erwähnt, ist die Forderung der jungen Aktivisten nach sofortiger Aufgabe der Staatsmacht durch die Junta und nach künftiger Kontrolle der Armee durch das Parlament.

Als wir gegen drei Uhr in der Frühe auseinandergehen, bin ich mir sicher, dass Nader schon seit Jahren einen hohen Posten beim Geheimdienst bekleidet. Viel Neues habe ich von ihm nicht erfahren. Dafür war er zu diskret. Immerhin hat er wiederholt betont, dass der Militärrat einen islamischen Gottesstaat in Ägypten verhindern wolle. Außerdem hat er bekräftigt, dass die Armee entschlossen sei, ihre Sonderstellung mit allen politischen und wirtschaftlichen Privilegien für die Zukunft zu sichern.

Bemerkenswert an dem nächtlichen Treffen im Hotel Concorde ist ein kleines Detail am Rande. Ägyptische Frauen, die sich »islamisch« kleiden, so wie die Ehefrau von Nader, und auch ihr Haar bedecken, sollte man nicht automatisch einem ideologischen Muster zuordnen. Gewiss handelt es sich in der Regel um gläubige Menschen, die Wert auf eine traditionelle Erscheinung legen. Das ist, gesellschaftlich betrachtet, konservativ; doch eine Botschaft im Sinne des politischen Islam ist damit nicht zwangsläufig verbunden.

City Stars: ein Konsumtempel als Treffpunkt

In Nasr City, nicht weit vom Flughafen entfernt, erstreckt sich ein hochmodernes Einkaufs- und Freizeitparadies von gigantischen Ausmaßen. Hier gibt es über sechshundert Geschäfte, darunter Läden internationaler Modemarken, einen riesigen Kinokomplex und eine Fülle von Cafés, Snackbars und Restaurants, bevölkert von Tausenden von Menschen. Alles glitzert und glänzt verführerisch und lädt dazu ein, sich dem Konsum hinzugeben. Wer das »Stars Center« des »City-Stars«-Komplexes betritt, vergisst im Nu das andere Gesicht Kairos, in dem sich hoffnungslose Armut und schreiendes Elend spiegeln. City Stars ist kein Tummelplatz für die Millionen von ägyptischen Habenichtsen. Hier vergnügen sich die Wohlhabenden, die Angehörigen der gehobenen Mittelschichten und natürlich die Touristen. Der Konsumtempel steht für die unüberbrückbar scheinenden sozialen Gegensätze in der größten Stadt Afrikas und der arabischen Welt.

Die Investoren haben nach eigenen Angaben in dieses »erste integrierte Stadtentwicklungsprojekt im Nahen Osten und in Europa« über 800 Millionen US-Dollar gesteckt. Und so stehen auf einer Fläche von 750 000 Quadratmetern drei überdimensionale Luxushotels und mehrere exklusive Büro- und Wohntürme, multimedial vernetzt und verbunden durch eine hochmoderne Infrastruktur.

In einem der geschmackvoll eingerichteten Cafés treffen wir Achmed Abdallah el Sheikh. Er hat am Vormittag eine Examensklausur geschrieben und sieht etwas blass aus, weil er sich danach stundenlang durch das alltägliche Verkehrschaos in Kairo hat quälen müssen. Achmed ist bei der Bewegung des »6. April« aktiv und kümmert sich im weiteren Sinne um »kulturelle Angelegenheiten«. Damit meint er Aufklärungs- und Informationsarbeit zum Beispiel bei den Fellachen – der Landbevölkerung –, die oft weder lesen noch schreiben können. Über vierzig Prozent der ägyptischen Bevölkerung sind Analphabeten.

»Das darf ganz sicher nicht so bleiben, wenn wir in unserem Land eine Demokratie aufbauen wollen«, sagt der angehende IT-Ingenieur. Er sieht im »6. April« eine »Bewegung des Gewissens«, deren Hauptaufgabe es sei, »die Rechte der Ägypter zu verteidigen«. Das bedeute, wie er unterstreicht: »Wir sind entschlossen, ein demokratisches System zu schaffen, an dem alle Ägypter beteiligt sind. Nicht nur die Gebildeten, sondern auch die einfachen Leute. Wir wollen eine Zivilgesellschaft in einem zivilen Staat mit garantierten Bürgerrechten, also der Gleichheit vor dem Gesetz ohne Ansehen der Person, der Rasse, der Religion und des Geschlechts. Uns geht es um Grundwerte, deshalb sind wir eine unideologische Sammelbewegung, in der säkular und religiös gesinnte Ägypter mitwirken.«

Achmed fügt hinzu, dass seine Gruppe auch Sozialarbeit leiste, wie etwa bei der Behindertenhilfe. »Aber«, so betont er, »wir machen keine Geschäfte mit Gott, so wie viele Islamisten, wenn sie den Menschen helfen. Wir leisten Basisarbeit, organisieren Aufklärungskampagnen und wenden uns direkt an die Menschen, und zwar in allen Provinzen des Landes. Aber natürlich nicht in jedem Dorf. Dafür reichen unsere finanziellen Mittel nicht. Wir erleben immer wieder, dass die Menschen in den Dörfern, aber auch in den Städten, unsere Bewegung nicht kennen und die Aktionsgruppen der ›jungen Leute‹ überhaupt nicht einschätzen können. Die Muslimbrüder sind die Einzigen, die wirklich gut organisiert und vor allem bekannt in der Bevölkerung sind. Unser Ziel – die Aufklärung und Erziehung des Volkes – ist dem Militär und den Muslimbrüdern ein Dorn im Auge. Der Hohe Militärrat war von Anfang an gegen die Bewegung des ›6. April‹, weil wir darauf abzielen, die Grundlagen für eine Zivilgesellschaft zu schaffen. Es geht darum, das politische Bewusstsein der Ägypter zu verändern. Das passt nicht in das Konzept der Militärs. Sie halten an der Idee des autoritären Staates fest. So meinen sie, ihre Eigeninteressen am besten wahren zu können. Aus meiner Sicht ist der Militärrat beratungsresistent. Er fürchtet zwar die Muslimbrüder und verdächtigt ihre Führung, zunächst nur aus taktischen Gründen einen gemäßigten Kurs zu steuern, während ihr strategisches Ziel ein theokratisches System bleibe. Dennoch haben sich die Generäle nicht dazu durchringen können, demokratischen Kräften wie uns den nötigen Handlungsspielraum einzuräumen, um eine Zivilgesellschaft aufzubauen. Im Gegenteil. Sie nehmen den ›6. April‹ ganz besonders aufs Korn. Von den Muslimbrüdern aber, die Einfluss auf die Massen haben, will der Militärrat durch taktisch bestimmte Zusammenarbeit profitieren. Ägypten wird noch hart arbeiten müssen, bevor es ein freies Land sein kann.«

Am Ende unseres Gesprächs verschweigt Achmed nicht, dass innerhalb des »6. April« tief greifende Meinungsverschiedenheiten darüber bestehen, welchen Weg die Aktivisten künftig organisatorisch und politisch einschlagen sollten. Doch trotz aller Probleme, so beteuert der IT-Student tapfer: »Ich werde weitermachen. Der Sturz Mubaraks war nur der erste Schritt. Wir stehen noch ganz am Anfang einer langen Strecke.«

Meine ägyptischen Begleiter schauen auf die Uhr und erheben sich: Die Zeit des Gebetes naht. Sie fahren mit der Rolltreppe auf die oberste Ebene, wo sich der Gebetsraum des Stars Center befindet.

Nach einer knappen Stunde kommen wir wieder zusammen, um mit der Journalistin Rania Ibrahim über die Revolution und ihre Folgen zu reden. Sie ist in Begleitung ihrer Mutter Afef, die wie ihre Tochter für ägyptische Verhältnisse eher freizügig gekleidet ist. Rania trägt ein kurzärmeliges, dezent ausgeschnittenes Sommerkleid, und ihre lockigen dunkelbraunen Haare fallen offen auf ihre braun gebrannten Schultern. Sie ist 24 Jahre alt und arbeitet als Reporterin für die oppositionelle Tageszeitung *Al-Masry Al-Youm.*

Rania steht der »Bewegung der fortschrittlichen revolutionären Jugend« nahe und sagt gleich zu Beginn unserer Unterhaltung ohne Umschweife: »Ich sehe mich als Linke. Ich will einen säkularen Staat und ein ökonomisches System, das der sozialen Gerechtigkeit verpflichtet ist. Davon sind wir in Ägypten meilenweit entfernt. Hier gibt es den staatlich subventionierten Brotpreis, um Hungerrevolten der verarmten Massen zu vermeiden. Und natürlich helfen die Muslimbrüder und auch andere islamistische Gruppen den Bedürftigen, damit sie überleben können. Aber diese wohltätige Hilfe aus der Hand der Islamisten führt die Abermillionen von Menschen der Unterschicht nicht aus ihrer gesellschaftlichen Abhängigkeit heraus. Sie verpflichtet sie zur Dankbarkeit gegenüber ihren frommen Wohltätern, macht sie aber nicht frei. Das können sie nur werden, wenn sie Bildung und Arbeit haben und so aus eigener Kraft in der Lage sind, sich und ihre Familien zu ernähren. Wir müssen die Menschen aufklären. Nur wer informiert ist, lernt es, die Zusammenhänge politischer und gesellschaftlicher Prozesse zu verstehen. Erst dann kann er sich emanzipieren. Das gilt ganz besonders für die Frauen, deren Rechte wir stärken müssen.

Nach Mubaraks Entmachtung durch das Militär habe ich für kurze Zeit geglaubt, Ägypten sei nun auf dem richtigen Weg. Sehr bald aber war nicht mehr zu übersehen, dass die Generäle einfach nur an die Stelle des gestürzten Präsidenten getreten sind. Von Regimewechsel keine Spur: Gängelei, Kontrolle und Zensur der Medien. Und eine mit Gewalt erzwungene Beendigung der revolutionären Situation auf der Straße und auf politischer Ebene. Begründung des Militärs: ›Die Revolution ist schädlich für die Wirtschaft und die Sicherheit im Lande.‹

Es gab einen Moment, da hatte ich alle Hoffnung auf einen revolutionären Wandel verloren. Ich wollte auswandern, so niedergeschlagen war ich.

Der Militärrat agiert noch schlimmer als das Mubarak-Regime. Über 12 000 Zivilisten wurden seit der Revolution vor die Militärgerichte gezerrt, und viele von ihnen sitzen nach willkürlichen Verfahren hinter Gittern. Unter Mubarak gab es hingegen in drei Jahrzehnten nur 2000 Prozesse gegen ägyptische Bürger vor einem Militärgericht.

Worin besteht die Schuld der Menschen? Sie fordern unverändert, die Generäle sollten einer zivilen Übergangsregierung weichen. Die Demonstranten wurden und werden von den gelenkten Staatsmedien als Nestbeschmutzer und Vaterlandsverräter verunglimpft. Feldmarschall Tantawi, der Vorsitzende des Militärrates, trat im Staatsfernsehen auf und behauptete: ›Wir sehen dunkle Mächte am Werk, die mit finanzieller Hilfe aus dem Ausland die nationale Sicherheit Ägyptens untergraben wollen.‹

Viele Ägypter, bei denen die Armee immer noch in hohem Ansehen steht, glauben dieser Propaganda. Sie lenkt nicht nur von den Fehlern des Militärs ab, sondern bringt auch die säkulare revolutionäre Jugend in den Augen des Volkes in Misskredit. Im gläubigen Ägypten sind die Begriffe säkular und liberal negativ besetzt, oft gleichbedeutend mit antireligiös oder antiislamisch.

Statt die Bevölkerung vor Dieben und Räubern zu schützen, die ungeniert ihr Unwesen treiben, weil die Polizei aus dem Straßenbild verschwunden ist, machen die Generäle eine Politik, die allein ihren Machtinteressen dient. Nicht nur die fehlende öffentliche Sicherheit zeigt das Versagen des Militärrates. Das ganze Durcheinander bei den Terminen für die Parlaments- und Präsidentschaftswahlen unterstreicht die Unfähigkeit des Militärs, den Staat zu lenken.«

Rania stockt und überlegt eine Weile. Dann sagt sie:

»Die größte Erniedrigung waren die erzwungenen Jungfräulichkeitstests durch Militärärzte, die protestierende Frauen nach ihrer Festnahme auf dem Tahrir-Platz erdulden mussten.«

Ihre Bilanz am Ende unseres Gesprächs fällt zwiespältig aus: »Manchmal frage ich mich, ob es richtig war, diese Revolution gewaltlos zu machen. Andererseits muss ich zugeben, dass die säkularen Aktivisten keine klare politische Haltung entwickelt haben. Wir sind unerfahren. Nicht nur politisch, sondern auch organisatorisch und agitatorisch. Wir brauchen ein Bündnis der säkularen Parteien und Bewegungen, um ein Gegengewicht zu den Islamisten zu bilden. Ich bin nicht sehr optimistisch für die nähere Zukunft. Aber ich muss positiv an die Sache herangehen, ich habe keine andere Wahl.«

Bei den Muslimbrüdern in El-Zeitoun

Auf der Fahrt zu unserem Treffen mit Hesham Abdelraouf passieren wir einige Straßen, auf denen viele Frauen und Mädchen mit offenen Haaren und in eng sitzenden Jeans und T-Shirts zu sehen sind. Das fällt heutzutage ins Auge. Denn anders als noch vor dreißig Jahren kleiden sich auch in Kairo die meisten Frauen islamisch konservativ. Sie tragen ein Kopftuch und verbergen ihre Gestalt unter weit geschnittenen Kleidungsstücken. Aber hier im Stadtviertel Zeitoun leben zahlreiche Christen, die einen westlichen Stil pflegen.

Obwohl das Quartier überwiegend von Angehörigen der Mittelschicht bewohnt wird, sind die kleineren Seitenstraßen in einem entsetzlichen Zustand. Hier zeigt sich die von der Regierung verantwortete Verwahrlosung des öffentlichen Raums in aller Deutlichkeit. An den Straßenrändern türmen sich Schutthaufen, oft mit vergammelten Abfällen durchsetzt. Eine Asphaltdecke sucht man vergebens. Die Bezeichnung Straße verdienen sie nicht: Es sind von tiefen Schlaglöchern durchzogene, unbefestigte Wege mitten in der 17-Millionen-Stadt Kairo. Wenn es regnet, versinken die Fahrzeuge im Morast. Wenn die Sonne brennt, ist alles mit dreckigem Staub bedeckt.

Wir lassen die christlich bevölkerten Straßenzüge hinter uns und halten schließlich vor einem unansehnlichen Wohnblock. Eine dicke blaue Kunststoffplane verdeckt den Eingang. Als sie zurückgeschlagen wird, sehen wir ein Blechgestell, auf und vor dem Sandalen und Schuhe stehen. Ein paar Schritte weiter befindet sich ein sehr einfacher Büroraum mit einem massiven alten Schreibtisch, hinter den sich ein bärtiger älterer Mann gezwängt hat, der die traditionelle Galabija trägt, ein langes Gewand mit weiten Ärmeln. Er ist groß und schwer gebaut und wird mir respektvoll als »der Ingenieur« vorgestellt. Er weist auf den durch die Büroscheibe nur undeutlich zu erkennenden dunklen Raum, in dem schon einige andere Männer versammelt sind, und sagt mir, dass das Nachmittagsgebet gleich beginnen werde.

Ich möchte wissen, wer sich hier an diesem schmucklosen Ort zum Gebet trifft. Es seien Leute aus der Nachbarschaft, wird mir erklärt, pensionierte Lehrer, Handwerker und Inhaber kleiner Läden, überwiegend Angehörige der unteren Mittelschicht.

Wir warten auf Hesham Abdelraouf, einen jungen Muslimbruder. Nach ein paar Minuten trifft er ein und geleitet uns an den Betenden vorbei nach draußen. Er wohnt ein paar Häuser weiter; seine Wohnung ist von einem im Freien liegenden, grob verputzten Treppenhaus aus zu erreichen.

Der 35-Jährige tritt freundlich und selbstbewusst auf. Er bezeichnet sich als politischen Aktivisten mit islamischem Hintergrund. Hesham gehört seit einigen Jahren zu den Muslimbrüdern und ist auch Mitglied in der neu gegründeten »Partei für Freiheit und Gerechtigkeit«, dem politischen Arm der Bruderschaft. An seinem Äußeren ist das nicht zu erkennen. Er ist glatt rasiert und trägt einen dunkelblauen Overall, offenbar seine Berufskleidung. Er ist als Inspektor im Ölministerium für die Kontrolle der Ölfirmen im Lande zuständig.

Hesham ist davon überzeugt, dass in Ägypten nach Mubarak alle politischen Reformkräfte an der Verantwortung im Staate beteiligt werden sollten. Neben den Islamisten und den Christen auch die Liberalen und die Linken. Alle gesellschaftlichen Gruppen würden gebraucht. »Es wird lange dauern, bis es gelingt, die in der staatlichen Bürokratie tief verwurzelten Kräfte des alten Regimes zu entfernen. Deshalb muss so schnell wie möglich eine neue politische Ordnung aufgebaut werden. Ökonomisch treten wir für eine soziale Marktwirtschaft ein. Deshalb müssen auch die Gewerkschaften im neuen Ägypten eine wichtige Rolle spielen.«

Hesham plädiert für eine parlamentarische Demokratie mit einem Staatspräsidenten an der Spitze, der keine absoluten, aber ausreichende Machtbefugnisse besitzt, um das Land in der Übergangsphase effizient führen und nach außen vertreten zu können. »Das Militär«, so sagt er ohne Einschränkung, »muss sich dagegen aus dem Regierungsgeschäft zurückziehen.« Die Innenpolitik stehe im Mittelpunkt, solange das Land noch nicht stabilisiert sei. Aber später müsse eine neue Außenpolitik konzipiert werden. Ägypten solle seine führende Rolle in der arabischen Welt wieder einnehmen, sich unabhängiger von den USA machen und vor allem gegenüber der Besatzungsmacht Israel auf Distanz gehen. »Es ist demütigend für uns«, fügt Hesham hinzu, »dass der Friedensvertrag mit Israel unsere Souveränität auf der Halbinsel Sinai beschneidet. Die Stellung Ägyptens in der Region verlangt, dass wir die unterdrückten Palästinenser unterstützen. Im Iran sehen wir einen befreundeten islamischen Staat. Zwischen uns gibt es keine Feindschaft wie unter Mubarak; wir unterscheiden uns nur durch die Konfession.«

»Eines möchte ich noch einmal deutlich sagen«, versichert Hesham schließlich, »wir Muslimbrüder wollen keinen Gottesstaat. Die zivile Macht im Staate ist streng zu trennen von den Aufgaben und der Rolle der Ulema, der islamischen Rechtsgelehrten. Uns kommt es vielmehr darauf an, die Gesellschaft mittelfristig an die Normen, Werte und Tugenden des Islam heranzuführen. Kurzfristig geht es dabei um Ehrlichkeit und Selbstlosigkeit zum Wohle aller Menschen, also die Bekämpfung von Korruption und Schattenwirtschaft. Mittelfristig soll der Islam in der Gesellschaft als moralische Referenz und als ethische Richtschnur dienen.«

»Für den Aufbau Ägyptens brauchen wir eine Koalition aller politischen Kräfte«, unterstreicht Hesham am Ende des Gesprächs, »am besten natürlich unter unserer Führung.« Und dann fügt er scherzend hinzu: »Statt des Slogans ›Der Islam ist die Lösung‹ benutzen wir Muslimbrüder jetzt das Motto ›Der Pluralismus ist die Lösung‹.«

Der eloquente Chefredakteur

Amr Khafagy moderiert einmal in der Woche eine politische Talkshow in dem privaten Fernsehsender »On TV«. Der Sender gehört dem christlichen Milliardär Naguib Sawiris, einem der bedeutendsten Unternehmer Ägyptens, der nach der Revolution in die Politik eingestiegen ist und eine liberale Partei gegründet hat. Die Diskussionsrunde heißt »Massa assabt« – »Samstagabend« – und läuft von 22 Uhr bis Mitternacht. Zeit genug also, um kontroverse Themen ausgiebig und streitig zu behandeln. Das erzählt uns Amr, während er seinen sportlichen BMW zurücksetzt und ebenso gelassen wie konzentriert in den fünfspurigen Verkehr einfädelt. Obwohl er ein viel beschäftigter Mann ist, hat er es sich nicht nehmen lassen, uns persönlich im Büro seines Bruders Hatem abzuholen, einem erfolgreichen Geschäftsmann, der die Revolution auf die soziale Ungerechtigkeit zurückführt, aber Ägypten nur eine bessere Zukunft einräumt, wenn sich »die Arbeitsmoral der Ägypter und ihre Erziehung deutlich verbessern«.

Im Hauptberuf ist Amr Khafagy Chefredakteur und Herausgeber von *Al-Shorouk*, einer angesehenen unabhängigen Tageszeitung, hinter der einer der größten Verleger der arabischen Welt steht. Amr hat einen grauschwarzen Dreitagebart und trägt ein offenes Oberhemd und eine hellgraue Hose mit Umschlag und Bügelfalte.

Um uns einen Eindruck von den Bedingungen zu geben, unter denen kritische Blätter wie seine Zeitung arbeiten müssen, schildert er während der Fahrt einen Vorgang, der nur ein paar Monate zurückliegt. Er und zwei Reporter von *Al-Shorouk* wurden einen Tag nach der Veröffentlichung eines Artikels vor den Militärstaatsanwalt zitiert und vorläufig festgenommen. In dem Beitrag hatte es geheißen, der ehemalige Präsident Mubarak bereite eine Rede vor, die auf ägyptischen und anderen arabischen Fernsehkanälen ausgestrahlt werden solle. Darin wolle Mubarak den Hohen Militärrat um eine Amnestie bitten, nachdem er auf sein Vermögen verzichtet und sich im eigenen wie im Namen seiner Familie für alle Schäden entschuldigt habe, die dem ägyptischen Volk zugefügt worden seien. Als Quelle für die Information zitierten die Verfasser in dem Artikel gut informierte Armeekreise.

»Wir sind nicht verhört worden«, unterstreicht Amr. »Lediglich Artikel 85 des Strafgesetzbuches wurde uns erläutert. Danach dürfen keinerlei Nachrichten über die Streitkräfte verbreitet werden, es sei denn, sie stammen offiziell aus der dafür zuständigen Abteilung der Armee. Das Gesetz stellt generell alle Veröffentlichungen unter Strafe, die sich auf militärische Angelegenheiten beziehen, die nicht schriftlich freigegeben sind.

Ich habe dann darauf hingewiesen, dass in dem Text nichts davon stehe, dass die Armee an dieser Sache direkt beteiligt sei. Im Übrigen seien wir der Ansicht, dass ein solcher Artikel im Rahmen der Pressefreiheit möglich sein müsse, die als eine der Errungenschaften der Revolution vom 25. Januar zu gelten habe. Wir sind schließlich ohne Anklage wieder freigelassen worden.

Zuvor hatte der Hohe Militärrat in seinem Kommuniqué 54 davor gewarnt, ›bösartige Gerüchte‹ zu streuen, die darauf gerichtet seien, einen Keil zwischen das Volk und die Armee zu treiben. Hinter diesem Verhalten steckt natürlich das Unbehagen vieler hoher Militärs über die Verhaftung von Expräsident Mubarak, der selbst einmal zu den mächtigsten Offizieren des Landes gehörte. Andererseits ist hier auch das Bemühen erkennbar, das Volk nicht zu provozieren und den Eindruck zu vermeiden, Mubarak könnte ungestraft davonkommen.«

Das moderne Verlagsgebäude, in dem die Redaktion von *Al-Shorouk* untergebracht ist, macht schon von außen einen gepflegten Eindruck. Das Foyer ist offen, hell und freundlich gestaltet. Amr Khafagy begrüßt die Mitarbeiter, darunter viele junge Frauen, die uns auf dem Weg in sein Büro begegnen, und stellt sie vor. Er hat eine entspannte, lässige Art, ohne kumpelhaft zu wirken. An der Stirnwand gegenüber seinem aufgeräumten Schreibtisch und oberhalb der Regalreihen sind große Flachbildschirme angebracht, auf denen verschiedene Programme laufen. Einer zeigt die jüngste Sendung seiner Talkshow »Samstagabend«.

Der Chefredakteur setzt sich in seinen bequemen Schreibtischsessel und beginnt mit seiner Einschätzung der Verhältnisse: »Ich bezweifle, dass die Revolution ihre Ziele schnell erreichen kann. Die ägyptische Gesellschaft besitzt so viel Beharrungsvermögen, da sind tief greifende Umwälzungen erst allmählich zu erwarten. Reformen, im Sinne eines besser verankerten parlamentarischen Systems, werden eher kommen. Doch das Militär wird auch in Zukunft eine besondere Rolle spielen. Ich bin davon überzeugt, dass die Armee in den nächsten zehn Jahren noch nicht in die Kasernen zurückkehrt. Der Hohe Militärrat wird sich zwar aus dem politischen Tagesgeschäft und damit aus dem Rampenlicht zurückziehen, aber er bleibt die letzte und entscheidende Kontrollinstanz, der ›Hüter des geeinten Vaterlandes‹.

In meiner Talkshow habe ich in einer Straßenumfrage Passanten um ihre Meinung nach der Rolle des Rates gebeten. Eine Antwort lautete: ›Die Armee ist wie ein Taxi, das uns Ägypter sicher ans Ziel bringt. Und dort steigen wir aus. Es ist nicht so wichtig, welchen Weg das Taxi nimmt und wie es fährt. Es kommt nur darauf an, dass wir das Ziel erreichen.‹

Und so denkt die große Mehrheit des Volkes. Der Hohe Militärrat wird Teil des Machtgefüges bleiben, wie schon seit Jahrzehnten. Ich bin überzeugt, dass die Armee sich nicht nur als Wächter der staatlichen Einheit sieht, sondern auch den säkularen Charakter des Staates wahren und verteidigen wird. Religiös begründete Gesetze wird der Militärrat nicht tolerieren. Alle Offiziere kennen in dieser Hinsicht ihre Pflichten, auch wenn dies rechtlich nicht ausdrücklich geregelt ist.

Meiner Ansicht nach ist die ägyptische Armee kein Staat im Staate. Sie hat die Aufgabe, das Land gegen innere und äußere Gefahren zu schützen. Nach einer Übergangszeit wird das Militär sich auf seine Kernbereiche beschränken. Die Behauptung, die Revolution sei umsonst gewesen, möchte ich zurückweisen.

Freiheit, mehr Chancengleichheit und einen Rechtsstaat erlangen die Ägypter nicht im Handumdrehen. Das braucht Zeit. Es ist ein Prozess, der zehn oder gar zwanzig Jahre in Anspruch nimmt. Eines jedoch ist unbestreitbar, mit der Revolution vom 25. Januar haben die Ägypter ihre Würde zurückerlangt. Allerdings muss ich zugeben, dass sich die Situation der Frauen in Ägypten nicht so schnell ändert. Die Ägypterinnen werden für ihre Rechte selbst einen anhaltenden Kampf führen müssen. Ich glaube nicht, dass die Männer ihnen dabei eine große Hilfe sind. Außenpolitisch wird Ägypten vermutlich seine angestammte Führungsrolle in der arabischen Welt wieder übernehmen.«

Amr Khafagy steht auf, verlässt sein Büro und kehrt nach einer Weile mit einem Kollegen an seiner Seite zurück. Es handelt sich um Ibrahim el-Houdaiby, den er uns begeistert als einen der begabtesten Kolumnisten seiner Zeitung vorstellt.

Ibrahim selbst bezeichnet sich als politischen Aktivisten und ist davon überzeugt, dass »die Revolution in Ägypten gerade erst beginnt«. Er geht nicht davon aus, dass die Armee nur durch Wahlen aus der Politik gedrängt werden kann. »Dazu brauchen wir auch künftig die Proteste. Das kann zum Erfolg führen, wie es zum Beispiel in Chile und in Brasilien geschehen ist. Aber bei uns in Ägypten geht es nicht um ein Jahr, entscheidend sind die nächsten fünf Jahre. Wenn es gut läuft, wird eine neue politische Klasse heranwachsen, die sich auf lokaler Ebene entwickelt, enger mit der Bevölkerung verbunden ist und auch dazu fähig ist, ihren Willen zu repräsentieren und ihre Wünsche und Vorstellungen umzusetzen.«

Der hochgewachsene junge Mann ist tatsächlich in der jungen Generation Ägyptens der prominenteste Intellektuelle mit islamistischem Hintergrund. Sein Urgroßvater Hassan war nicht nur ein hochgeachteter Richter, sondern auch das zweite Oberhaupt der Muslimbruderschaft. Er war es, der nach 1949 innerhalb der Bewegung die Denkschule des gewaltfreien politischen Engagements begründete und sich damit gegen die militanten, revolutionären Ideen des berüchtigten Ideologen der Bruderschaft, Sayyid Qutb, wandte. Dadurch war die theoretische Grundlage geschaffen, die die Muslimbrüder dazu befähigte, ihren jahrzehntelangen Marsch durch die Institutionen anzutreten. Auch Ibrahims Großvater, Mamoun el-Houdaiby, stand von 2002 bis 2004 an der Spitze der Muslimbrüder, die schon seit über achtzig Jahren existieren.

Trotz seines islamistischen Familienerbes hat Ibrahim vor einiger Zeit seine Position in der Bruderschaft als Redakteur der englischen Website der Organisation (www.Ikhwanweb.com) aufgegeben. Der ehemalige Muslimbruder gilt heute als kenntnisreicher Beobachter und Kritiker der islamistischen Bewegungen. Er ist auf der Suche nach neuen Wegen für eine islamistische Politik, die demokratische Grundsätze mit praktikablen Lösungen für die brennenden sozialen und ökonomischen Probleme Ägyptens verbindet. Das Wirtschaftsprogramm der türkischen Regierungspartei AKP, die ja auch einen islamistischen Hintergrund hat, sieht er dabei als vorbildhaft an. Neben seiner journalistischen Arbeit widmet sich Ibrahim el-Houdaiby der Forschungstätigkeit am »Wisdom Center for Strategic Studies« und ist dabei, zwei Masterstudiengänge abzuschließen: in Politischer Wissenschaft an der Amerikanischen Universität von Kairo und in islamischem Recht (Scharia) am Hohen Institut für islamische Studien.

Die gemäßigten Töne des Generalsekretärs

Pünktlich auf die Minute bremst Dr. Tarik seinen kleinen japanischen Jeep, um mich zum Büro der »Partei für Freiheit und Gerechtigkeit« zu bringen. Der fromme Historiker hat einen direkten Draht zu Dr. Mohamed al-Beltagy, der nicht nur zur Führungsriege der Muslimbruderschaft gehört, sondern auch Generalsekretär der »Partei für Freiheit und Gerechtigkeit« ist, dem politischen Arm der Bewegung.

Das Parteibüro ist in einem frisch gestrichenen Haus in einem mittelständischen Viertel von Kairo untergebracht. Die Räume im Untergeschoss sind mit schweren Polstermöbeln ausgestattet. Wir warten in einem großen Empfangszimmer, das mit seinem in die Nase dringenden Farbgeruch den Eindruck erweckt, als sei es gerade erst in Gebrauch genommen worden. Hier ist sinnlich erfassbar, dass die Partei der Bruderschaft erst nach der Revolution das Licht der Welt erblickt hat.

Dr. Tarik El Morsy nutzt die Zeit, um seinen Werdegang zu schildern. Er hat in Frankreich, in Aix-en-Provence, islamische Geschichte und Archäologie studiert und ist dort auch promoviert worden. Sein Vermögen, so erklärt er freimütig, hat er mit seiner Tätigkeit im Tourismus gemacht. Angesichts der miserablen Gehälter an den ägyptischen Universitäten hat er nach dem Studium zwanzig Jahre lang als Reiseveranstalter gearbeitet. »Heute«, so fügt der schlanke Mann mit dem gestutzten Vollbart hinzu, »kann ich es mir leisten, an der Uni in Port Said zu unterrichten, weil ich auf das niedrige Salär nicht angewiesen bin. Außerdem verfüge ich auf diese Weise über mehr Zeit, um mich meinem Engagement bei den Muslimbrüdern zu widmen.«

Ich möchte von ihm wissen, warum er das Leben eines Muslimbruders führt. Warum er die islamische Unterweisung der Bevölkerung überhaupt als notwendig erachtet, wo doch die überwältigende Mehrheit der Ägypter als so fromm gilt.

Die Antwort erscheint Dr. Tarik denkbar einfach: »Das Motiv für mein Handeln ist mein unerschütterlicher Glaube. Wenn wir Gutes für die Bedürftigen in dieser Welt tun, bauen wir eine Brücke zu Gott: Unser Ziel ist der direkte Weg ins Paradies. Ja, es stimmt, die Ägypter sind fromm. Aber das gilt für die meisten von ihnen nur im Sinne eines äußerlich sichtbaren Verhaltens. Das heißt, sie befolgen die islamischen Riten, sie beten zum Beispiel fünf Mal am Tag, sie fasten im Monat Ramadan und sie pilgern nach Mekka, wenn sie sich das finanziell leisten können. Aber sie wissen kaum etwas über die ethische und die moralische Kraft, die dem Islam innewohnt. Kurzum, der Inhalt der Religion wird von vielen konventionell gläubigen Muslimen ignoriert. Das wollen wir ändern, indem wir sie eines Besseren belehren.«

Als ich die künftige Politik Ägyptens anspreche, hat Dr. Tarik nur noch Zeit, die Unabhängigkeit seines Landes von ausländischen Mächten einzufordern. »Ich verlange ein Ende der amerikanischen Finanz- und Rüstungshilfe für die ägyptische Armee. Wenn wir weiterhin die 1,3 Milliarden Dollar annehmen, müssen wir uns wohlverhalten und bleiben von den USA abhängig.« Damit wiederholt er eine Standardforderung der Muslimbruderschaft, die die Führer der Bewegung seit der Revolution allerdings öffentlich nicht mehr so deutlich erheben.

Der Hausdiener begleitet uns in den ersten Stock. Parteisekretär Mohamed al-Beltagy ist von Beruf Arzt und gehört seit seinem 16. Lebensjahr zu den Muslimbrüdern. Sein politisches Engagement reicht bis in seine Studentenzeit an der islamischen Universität Al-Azhar in Alexandria zurück, wo es ihm gelang, quer durch alle Fakultäten Aktionsgruppen der Bruderschaft zu etablieren. Aufgrund seiner politischen Tätigkeit wurde ihm nach dem Medizinexamen eine Anstellung an der Fakultät verwehrt. Erst nachdem er dagegen erfolgreich geklagt hatte, konnte er vier Jahre später die gewünschte Position einnehmen.

Beltagy sitzt hinter einem peinlich aufgeräumten Schreibtisch. Er macht einen freundlich zurückhaltenden Eindruck. Auf seiner hohen Stirn sticht ein dunkles Gebetsmal ins Auge – eine Stelle, die auf das häufige Niederdrücken des Kopfes beim Gebet zurückzuführen ist.

Gleich zu Beginn der Unterhaltung ist nicht zu überhören, dass der Generalsekretär als erfahrener Politprofi nur allgemein gehaltene Aussagen über die Positionen seiner Partei zu machen bereit ist. Freiheit, Demokratie und Teilung der Staatsgewalten sind das Credo des Wahlvereins der Bruderschaft. Ziel ist der Aufbau einer pluralistischen Zivilgesellschaft auf der Grundlage einer Verfassung, die die Bürgerrechte für Männer, Frauen, Muslime und Christen garantiert. Begleitet von sozialer Gerechtigkeit für alle Ägypter, die Gleichheit vor dem Gesetz genießen.

»Wir verfolgen eine Politik des Mittelweges und der Kompromisse. Wir wollen einen modernen demokratischen Staat«, unterstreicht Beltagy. »Wir werden die absolute Mehrheit nicht missbrauchen. Das heißt, wir wollen alle wichtigen Kräfte der Gesellschaft im Parlament an den Grundsatzbeschlüssen beteiligt sehen. Ein islamischer Gottesstaat nach dem Muster des Iran steht nicht auf unserem Programm. Die islamische Scharia (»der Weg«) bleibt – wie schon in Artikel 2 der alten Verfassung festgelegt – die Hauptquelle der Rechtsfindung. Die Scharia soll als allgemeiner Bezugsrahmen dienen. Das heißt, die Organe des Rechtswesens beziehen sich auf die ethischen Prinzipien des Islam.« Was das in Zukunft konkret in der Praxis bedeutet, will Beltagy nicht sagen.

Auf die Frage, ob die Muslimbrüder tatsächlich so eng mit dem Militär zusammenarbeiten, wie viele Kritiker behaupten, antwortet der Parteisekretär kurz und ausweichend: »Die Armee ist für uns ein Partner, der die Revolution unterstützt hat.« Doch bevor wir auseinandergehen, fügt er hinzu: »Im neuen Ägypten soll die Armee nicht mehr die letzte politische Instanz sein. Der Souverän ist das Volk.«

Der Wahlsieg der Islamisten

JANUAR/FEBRUAR 2012

Die Tageszeitung *Al-Masry Al-Youm* in Kairo zitiert am 21. Januar 2012 verschiedene Kollegen anderer Blätter, die vom »Parlament der Bruderschaft« schreiben. Tatsächlich sind die Muslimbrüder mit ihrer Partei für Freiheit und Gerechtigkeit die beeindruckenden Sieger der ersten freien Parlamentswahlen in Ägypten seit 1952. Von den 498 gewählten Abgeordneten der Volksversammlung gehören 235 zu den frommen Brüdern, die sich selbst als gemäßigte Islamisten bezeichnen. Mit über 47 Prozent der Sitze ist die Muslimbruderschaft der stärkste parlamentarische Block.

Der hohe Wahlsieg der seit Jahrzehnten im Volk verankerten und bestens organisierten Vereinigung überrascht niemanden. Doch mit dem sehr guten Abschneiden der ultrakonservativen Salafisten, die fast 25 Prozent (123 Sitze) für sich verbuchen können, haben nur wenige Kenner der ägyptischen Verhältnisse gerechnet. Damit belegt das Wahlbündnis der Salafisten, mit der »Partei des Lichts« (Hizb Al-Nour) an der Spitze, den zweiten Rang. Die erstaunliche Popularität der salafistischen Gruppen beunruhigt die säkular und liberal eingestellten Ägypter. Sie sind die großen Verlierer der historischen Wahlen. Die alteingesessene liberale »Neue Wafd-Partei« kommt auf 8,4 Prozent (42 Sitze) und liegt damit noch vor den modernen Liberalen der »Ägyptischen Allianz«, die dezidiert säkular ausgerichtet sind und nur 6,6 Prozent (33 Sitze) erreichen.

Jene Kandidaten und Parteien, die dem alten Mubarak-Regime zuzurechnen sind, schneiden besonders schlecht ab. Hier wird sichtbar, dass die große Mehrheit der Ägypter vom alten Regime nichts mehr wissen will. Für die Angehörigen der Unterschicht und der kleinbürgerlichen Mittelschichten sind die Islamisten offenbar die neuen Hoffnungsträger. Mit den ständig vorgetragenen Warnungen vor einem islamischen Gottesstaat haben sich die liberalen Politiker einen Bärendienst erwiesen. Denn dieses Argument rückt sie in den Augen vieler Ägypter in die Nähe des alten Regimes, dessen Propagandamaschine den islamistischen Teufel fortwährend an die Wand malte, während sich die Muslimbrüder und die Salafisten im wirklichen Leben um die sozialen Belange der Menschen kümmerten.

Die Liberalen büßen so nicht nur an Glaubwürdigkeit ein, sondern sie liefern den Islamisten zusätzlich eine Steilvorlage zum Gegenangriff: Wer, wie die Liberalen, den islamischen Staat verunglimpfe, offenbare nur seine antiislamische Haltung oder gar seine Gottlosigkeit. Eine Sichtweise, die bei den religiösen Ägyptern vielfach auf fruchtbaren Boden fällt. Hinzu kommt, dass die Führer der Wafd-Partei und der »Freien Ägypter«, der anderen liberalen Partei, beide sehr reiche Geschäftsleute sind. Das nährt den Verdacht, sie hätten vornehmlich die Interessen der wohlhabenden Klasse im Auge.

Für die »Revolutionäre Jugend«, die den Aufstand der Massen gegen Mubarak ins Rollen brachte, ist das Wahlergebnis ein Debakel. Sie verfügen gerade einmal über sieben Sitze, was noch nicht einmal zwei Prozent der Wählerstimmen entspricht. Hier zeigt sich in aller Schärfe, dass die Botschaft der jungen Revolutionäre in den breiten Bevölkerungsschichten kaum gehört wird, weder in den Großstädten noch in den ländlichen Gebieten.

Salafisten und Sufi-Muslime

Die Salafisten hingegen finden großen Anklang beim Volk, vor allem in den ägyptischen Dörfern, obwohl sie die Revolution lange boykottiert und sich zuvor von der Politik ferngehalten haben. Die Gründung salafistischer Parteien und ihre Teilnahme an den Parlamentswahlen ist ein abrupter Bruch mit der Vergangenheit. Bislang versagte sich die große Mehrheit der ägyptischen Salafisten aus religiösen Gründen jede politische Tätigkeit. Vor allem die Beteiligung an politischer Willensbildung, besonders an demokratischen Wahlen war tabu.

Salafistische Gelehrte begründen dies bis in die Gegenwart mit dem Argument, die islamische Gesellschaft müsse zuerst wieder die fundamentalen Glaubensinhalte des Islam erlernen. Dazu gehöre das umfassende Verständnis von Gott und seinen Eigenschaften, das korrekte Beten und das angemessene soziale Verhalten. Aus der daraus erwachsenen Reinheit des Glaubens und der täglichen Glaubenspraxis forme sich eines Tages die erstrebte »wahre« Gesellschaft und der entsprechende Staat.[1] Die radikale Abkehr von ihrer traditionellen Position, die Entscheidung der Salafisten, in der ägyptischen Politik mitzumischen, entbehrt bisher einer substanziellen theologischen Begründung.

Historisch betrachtet steht hinter dem salafistischen Politikverbot die seit Jahrhunderten gehegte Vorstellung, dass die Masse der muslimischen Gläubigen nicht zu einer politischen Teilhabe berechtigt ist. Ein Muslim darf sich nicht gegen seinen Herrscher erheben, mag er noch so grausam und willkürlich regieren – solange er ein Muslim ist.

Die Salafisten vertreten eine strikte Auslegung des Koran, die manche unter ihnen notfalls auch mit Zwang durchsetzen wollen, so wie das etwa in Saudi-Arabien mithilfe der »Mutawa«, der sogenannten Religionspolizei, geschieht. Sie streben eine islamische Ordnung an, in der staatliches und gesellschaftliches Handeln allein durch das islamische Recht der Scharia reguliert werden soll. Den modernen und säkularen Staat lehnen sie ab.

Der Begriff Salafismus bezieht sich auf eine Interpretation des Islam, die darauf abzielt, zur ursprünglichen Glaubenspraxis zurückzukehren. Es geht also um den »unverfälschten« Ur-Islam, so wie er zu Lebzeiten des Propheten Mohammed existiert und von den ersten Generationen seiner Anhänger nach seinem Tod 632 n. Chr. praktiziert worden sein soll. Diese frühen Muslime bezeichnet man als die *Salaf* (Vorväter). Die Salafisten berufen sich auf das Vorbild dieser »rechtgeleiteten« Altvorderen. Neben dem Vorbild der Vorväter bestehen sie auf der wörtlichen Auslegung des Koran und der Sunna, die das Verhalten des Propheten Mohammed schildert. Der salafistische Islam ist eine totale, für alle Lebensbereiche gültige Ideologie.

Ägypten erreichte der Salafismus von der Levante aus um die Wende vom 19. zum 20. Jahrhundert. Jahrzehnte später erstarkte er hier vor allem durch wachsende Kontakte mit Saudi-Arabien, wo eine Spielart dieser ultraorthodoxen Form des sunnitischen Islam, der Wahhabismus, schon »Staatsreligion« war. Hierbei spielte das Wirken saudischer Religionsgelehrter in Ägypten eine wichtige Rolle, aber auch aus Saudi-Arabien zurückgekehrte Gastarbeiter förderten die Verbreitung der Lehre. Sie brachten salafistische Vorstellungen und die entsprechende rigide Lebensweise mit in ihre ägyptische Heimat. Das schließt die strikte Geschlechtertrennung und die strengen Kleidungsvorschriften für Mann und Frau mit ein.

Munim al-Shahat, einer der bekannten Prediger im salafistischen Satellitenfernsehen, drückt einen Kernpunkt seiner Ideologie so aus: »Eine islamische Regierung ist eine Regierung, die auf dem Gesetz der Scharia fußt. Die Scharia kann nicht verändert werden, weil sie aus den Tagen des Propheten Mohammed stammt.« Auch wenn die Scharia erst in den Jahrhunderten nach dem Tod Mohammeds von islamischen Rechtsgelehrten entwickelt worden ist, hält der salafistische Prediger an seiner Position fest, weil es ihm grundsätzlich darum geht, dass alle Quellen aus der Frühzeit des Islam auf ewig so zu lesen sind, wie sie vor über tausend Jahren niedergeschrieben worden sind.

»Wir wollen Demokratie, aber eine, die durch die Gesetze Gottes beschränkt ist. Wer ohne göttliches Recht herrscht, verfällt dem Unglauben«, sagt Yasser Burhami, eine der Führungsfiguren der »Salafistischen Gesellschaft für den (Glaubens-)Ruf«. Der Name ist Programm. Die ultrakonservativen Salafisten verstehen sich als missionarische Bewegung mit einem apodiktischen Glaubensverständnis und einem rigiden sozialen Verhaltenskodex, die auf einem geschlossenen Wertesystem fußen. Bezeichnend ist die immer wieder anzutreffende Intoleranz vieler Salafisten gegenüber jenen, die abweichende religiöse oder ideologische Überzeugungen vertreten.[2]

In den Monaten nach der Revolution sind Salafisten in viele Gewaltakte verwickelt. Dazu gehört auch der Angriff am 7. Mai 2011 auf die koptische Kirche der Jungfrau Maria im Viertel Imbaba in Kairo: Eine muslimische Menge rottet sich an diesem Tag vor der Kirche zusammen, um dagegen zu protestieren, dass die Koptische Kirche angeblich eine Christin gegen ihren Willen festhält, die zum Islam konvertiert sei. Es kommt zu Zusammenstößen zwischen Muslimen und Christen, die Kirche wird niedergebrannt, mehrere Menschen werden getötet und verwundet. Ein prominenter Führer der Salafisten weist die Verantwortung seiner Glaubensbrüder für das Verbrechen zurück. Dennoch protestieren Salafisten im Frühling und im Sommer weiterhin regelmäßig nach dem Freitagsgebet vor der Nour Moschee (Moschee des Lichts), um die Freilassung anderer koptischer Frauen zu verlangen, die sich auch zum Islam bekehrt hätten und nun in koptischen Klöstern eingesperrt seien.[3]

Der wachsende Einfluss der Salafisten ist an der Zahl der religiösen Fernsehkanäle abzulesen. In Ägypten können über vierzig Prozent der Bevölkerung weder lesen noch schreiben, und es herrscht eine hohe Arbeitslosigkeit. Hinzu kommt, dass viele Ägypter wegen des heißen Klimas erst spät in der Nacht schlafen gehen. Da ist es nicht verwunderlich, dass die Menschen stundenlang fernsehen und infolgedessen auch den Ideen der Salafisten ausgesetzt sind, die in den letzten Jahren das politische und religiöse Denken im Lande zunehmend prägen.

Al-Khalajia TV gehört einem saudischen Geschäftsmann und ist einer von rund einem Dutzend Sendern in Ägypten, die ein salafistisches Programm ausstrahlen, das die Zuschauer indoktrinieren soll. Zum Beispiel sind immer wieder vor Begeisterung sprühende Knaben zu sehen, die den Koran auswendig lernen. Männer in weißen Gewändern mit langen, wild wachsenden Bärten und weißen, die Stirn überragenden Kopftüchern halten in aufwühlender Wortwahl ausufernde Predigten, in denen sie eindringlich die Anwendung der Scharia fordern.

Es gibt Berichte aus den ländlichen Provinzen Ägyptens, wonach Salafisten angeklagt werden, einem angeblichen Zuhälter ein Ohr abgeschnitten, Spirituosengeschäfte angegriffen und mehrere Sufi-Schreine zerstört zu haben. Die Attacken gegen die Sufi-Muslime werden damit begründet, dass die Verehrung muslimischer Heiliger offener Aberglaube und deshalb ganz und gar unislamisch sei. Die Gewaltakte der Salafisten finden Ende März 2011 statt, also nur knapp zwei Monate nach dem Sturz von Präsident Mubarak.[4]

Allerdings verurteilt ein führender Salafist aus Alexandria, Abd Al-Minam Shabat, gegenüber der Presse die Übergriffe gegen die Sufis sofort als kriminelle Akte. Ein derart rechtswidriges Verhalten sei Salafisten keinesfalls gestattet. Man lehne zwar die religiöse Verehrung von Heiligengräbern ab, befürworte jedoch nicht deren gewaltsame Zerstörung. Hier wird deutlich, dass die klugen Salafisten schon bald nach der *Revolution* darauf bedacht sind, in der ägyptischen Öffentlichkeit den Eindruck von Extremismus zu vermeiden. Sie wollen künftig ihre religiöse Botschaft ohne Drohgebärden verbreiten. Sie sind in dieser Phase auf dem Weg zur Parteipolitik, da soll die Ideologie in den Hintergrund treten. Die Website der »Partei des Lichts« (Al-Nour-Partei) wird uns an anderer Stelle noch vor Augen führen, wie pragmatisch sich die Salafisten mittlerweile präsentieren.

Die von den Salafisten so harsch kritisierten Sufi-Muslime sind keine islamische Sekte. Der Sufismus hat auch keine eigene islamische Rechtsschule. Er ist fast überall in der islamischen Welt verbreitet, bei Sunniten ebenso wie bei Schiiten, und es geht ihm darum, den Glauben auf eine besonders ausgeprägte Art und Weise zu praktizieren. Hier sind die islamischen mystischen Bruderschaften, die Derwisch- oder Sufi-Orden, zu nennen. Es handelt sich um hierarchisch organisierte Verbände, die auf einem mystischen Konzept des Islam beruhen. Dem liegt die Vorstellung zugrunde, dass der Mensch in ein

Stadium direkter Erkenntnis Gottes oder gar zu einer Einheit mit Gott gelangen kann.[5] Anders ausgedrückt streben die Sufi-Muslime durch Askese und Meditation nach der persönlich empfundenen Gottesnähe – im Unterschied zu den orthodoxen Muslimen, die sich auf die genaue Befolgung der Vorschriften und Verhaltensregeln des Islam konzentrieren.

An der Spitze einer Bruderschaft steht der mystische Lehrer, der Scheich. Der Sufi-Meister stützt seine spirituelle Autorität in der Regel darauf, dass er selbst von einem Scheich in die mystische Tradition eingeweiht und von ihm unterrichtet worden ist. Die verschiedenen Bruderschaften können sich in ihren theologischen Systemen, in ihrem Ritual und in ihren mystischen Methoden unterscheiden. Die Grundelemente sind jedoch überwiegend identisch und umfassen das Rezitieren oder das Lesen von Gebetsformeln und Texten, liturgische Zusammenkünfte mit Gesang und Tanz, allgemeine Regeln der Lebensführung und mitunter Vorschriften für bestimmte Fastenzeiten und Exerzitien.

Es ist bemerkenswert, dass die Sufi-Orden nicht nur religiösen Zwecken dienen, sondern auch soziale und politische Ziele verfolgen. Das Streben nach Besitz, Prestige und weltlicher Macht entfremdete manche Führer von den mystischen Bruderschaften, aus denen sie hervorgegangen waren.[6] So haben Sufi-Meister im Laufe der Geschichte Positionen mit erheblichem Einfluss bekleidet. In einigen Fällen wurden von ihnen beherrschte Gebiete zu politischen Gebilden geformt. Manchmal entstanden daraus sogar selbstständige Staaten. Das gilt zum Beispiel für das Königreich Libyen (1951–1969), das aus der Senoussi-Bruderschaft hervorgegangen ist. König Idris, der letzte Senoussi-Herrscher, wurde von Oberst Gaddafi entthront.

Die Sufi-Muslime verehren ihre Heiligen und deren Schreine. Das ist eine verbreitete Praxis, und dieser volksislamische Kult ist den orthodoxen Islamisten zweifellos ein Dorn im Auge. In Ägypten sind schätzungsweise 15 bis 20 Prozent der Bevölkerung Sufis; viele andere Ägypter nehmen an der einen oder anderen Sufi-Übung teil, ohne sich dieser Glaubensrichtung zugehörig zu fühlen.

Interessanterweise ist das offizielle religiöse Establishment Ägyptens stark durch den Sufismus geprägt. So gehören die Professoren der über tausendjährigen Al-Azhar-Moschee mit ihrer islamischen Universität normalerweise einer Sufi-Bruderschaft an. Die gemäßigten Sufis stehen seit der Revolution an der Seite der Übergangsregierungen; sie arbeiten mit den liberalen Gruppierungen sowie der revolutionären Jugend zusammen. Und sie identifizieren sich mit islamischen Einrichtungen der Al-Azhar, die in religiösen Fragen eine gemäßigte Haltung einnehmen. Die Sufi-Muslime fürchten, dass ein zu großer Einfluss der Islamisten und vor allem der Salafisten im neuen Ägypten ihre Glaubenspraxis beschränken und ihre Stellung in der Gesellschaft empfindlich bedrohen könnte.

Die Partei des Lichts

Nach der Revolution zweifelten viele ägyptische Beobachter daran, dass die Salafisten bei den Wahlen gut abschneiden würden. Sie hielten sie für eine überwiegend auf lokaler Ebene aktive Bewegung, die auf nationalem Niveau schlecht organisiert und führungslos erschien. Doch zu den Parlamentswahlen, die in drei Phasen von

November 2011 bis Januar 2012 abgehalten wurden, traten sie mit mehreren Parteien an. Und zwar unter Führung von Al-Nour (Partei des Lichts), die organisatorisch sehr gut aufgestellt ist und politisch äußerst klug vorgeht.

Al-Nour ist neben Ansar al-Sunna (Unterstützer des prophetischen Verhaltens) eine von zwei salafistischen Gruppen, die sich schon vor Jahrzehnten eine feste organisatorische und zentralistische Struktur gegeben haben. Die Wurzeln der Organisation gehen auf das Jahr 1977 zurück, als die Muslimbrüder die islamische Studentenschaft an der Universität von Alexandria dominieren. Als Reaktion darauf gründen salafistische Studenten, überwiegend von der medizinischen Fakultät, die »Salafistische Schule«. Damit wenden sie sich gegen die Dominanz der Muslimbrüder und deren Ideologie. 1985 gibt sich die Gruppe den Namen »Salafistische Gesellschaft für den (Glaubens-)Ruf«. Fortan unterhält sie eigene Erziehungseinrichtungen, ein Magazin mit dem Titel *Die Stimme des Rufs* und ein komplex strukturiertes Sozialwerk. Das Zakat-Komitee – benannt nach der im Koran vorgeschriebenen Almosensteuer und generell der als eine der »fünf Säulen des Islam« verstandenen Verpflichtung des gläubigen Muslims seinen Mitmenschen gegenüber – finanziert Waisenhäuser, unterstützt mittellose Witwen, kümmert sich um Fürsorgemaßnahmen für die Bedürftigen und bietet nicht zuletzt eine kostenlose Gesundheitsversorgung an. Um das Management dieser Unternehmungen zu gewährleisten, gründet die Gesellschaft ein Exekutivkomitee, ein Leitungskomitee, ein Jugendkomitee, ein Sozialkomitee und eine Generalversammlung.[7]

Hier wird deutlich, was die Gesellschaft für den (Glaubens-)Ruf und ihren politischen Arm, die Partei des

Lichts, von den anderen Salafisten unterscheidet: Es ist die langjährige, organisatorische und administrative Erfahrung. Hinzu kommt das Charisma ihrer Führer. Nach Meinung von Mohammed Nour, dem Sprecher von Al-Nour in Kairo, gibt es noch einen weiteren Grund für den Aufstieg seiner Partei: »Die liberalen Medien sind auf uns konzentriert. Sie versuchen, uns zu verunglimpfen. Und dann sehen die Leute, was wir in der Praxis für die Menschen tun – daraus schließen sie, dass etwas mit den Medien nicht stimmt, weil sie deren Kritik an uns nicht verstehen. Das Ergebnis ist eine kostenlose Medienkampagne zu unseren Gunsten.«[8]

Wie pragmatisch sich die Partei des Lichts in ihrer politischen Arbeit zeigt, belegt die schon erwähnte Website von Al-Nour. Sie ist geradezu ein Musterbeispiel für die Taktik der Partei, ihr kompromissloses Verständnis des islamischen Rechts hinter einem reformorientiert erscheinenden Programm zu verstecken. Islamistische Slogans sucht man auf dem Portal vergebens.[9] Stattdessen lesen wir, dass die Partei die bestehende Struktur des Staates und seiner Rechtsordnung akzeptiert. Soziale Gerechtigkeit und politische Transparenz werden als Mittel hervorgehoben, um die allgegenwärtige Korruption der Mubarak-Ära zu unterbinden. Auffällig ist der Ruf nach einem *zivilen* Staat, in dem alle Ägypter ohne Diskriminierung leben können. Anstatt einen Gottesstaat zu fordern, wird die Trennung der Staatsgewalten, in Legislative, Exekutive und Judikative, unterstützt. Eine ganze Reihe von Grundrechten will die Partei des Lichts garantieren, darunter die Presse- und Redefreiheit, das Recht auf kostenlose Gesundheitsversorgung und das Recht auf Erziehung.

Allerdings stellt die Partei alle erwähnten Freiheits- und sonstigen Rechte unter den grundsätzlichen Vorbehalt der Scharia. Bemerkenswert, dass diese Einschränkung vage formuliert ist und dass sich kein Hinweis darauf findet, was die Salafisten von Al-Nour in diesem Zusammenhang unter den Prinzipien der Scharia verstehen. Jeder Bezug auf die Scharia und das salafistische Staats- und Gesellschaftsverständnis bleibt indirekt, etwa bei der Forderung, die staatlichen Institutionen müssten die »Mehrheitsreligion« Ägyptens stärken. Scharia – dieser Begriff wird direkt nur in Bezug auf die Verfassung erwähnt, in deren zweitem Artikel sie als »Hauptquelle des Rechts« bezeichnet wird.

Was die Rolle der Frau angeht, so verhalten sich die ägyptischen Salafisten etwas aufgeschlossener, zumindest im Vergleich zu ihren Glaubensbrüdern in Saudi-Arabien. Die Partei des Lichts hat nicht nur Kandidatinnen für die Parlamentswahlen aufgestellt, sondern nach anfänglichem Zögern auch erlaubt, deren Porträtfotos auf die Wahlplakate zu drucken. Im ersten Wahlgang war noch eine Rose statt des weiblichen Konterfeis abgebildet. Für westliche Augen eine eklatante Missachtung weiblicher Würde – für ultrakonservative Islamisten jedoch ein großer Schritt nach vorn. Allerdings hat das ägyptische Parteiengesetz auch dabei nachgeholfen, dass Frauen bei der Nominierung überhaupt berücksichtigt werden. Es sieht nämlich vor, dass jede Partei mindestens eine Kandidatin aufstellen muss, wenn sie bei den Parlamentswahlen antreten will.

Auch wenn die Partei des Lichts auf ihrer Website die Bedeutung der Frauen für die ägyptische Wirtschaft hervorhebt, so vermeidet sie doch jede klare Festlegung hinsichtlich der grundsätzlichen Rolle der Frau in der Politik. Sehr zur Sorge all jener Ägypter, die nicht zum salafistischen Block gehören und befürchteten, die ultraorthodoxen Islamisten wollten nicht nur das politische

Engagement der Frauen begrenzen, sondern auch ihre gesellschaftliche Freiheit.

Der politische Islam in Ägypten

Die Muslimbrüder beeinflussen im nachrevolutionären Ägypten die politische Szene des Landes in hohem Maße. Allerdings halten sie mit ihrer Partei für Freiheit und Gerechtigkeit nicht mehr das Monopol im Lager des politischen Islam. Sie müssen nun verschiedene ultrakonservative salafistische Parteien neben sich dulden, die zwar in einem Wahlbündnis vereint sind, aber auch tiefe Meinungsverschiedenheiten untereinander haben. Daneben gibt es noch die moderate al-Wasat-Partei, eine Abspaltung der Bruderschaft, welche in sich wiederum verschiedene ideologische Strömungen vereinigt. Außerdem haben sich zwei sufische Parteien gebildet, die an der Seite der vom Sufi-Islam geprägten staatlichen Religionseinrichtungen agieren. Beide stehen den säkularen Parteien und den übrig gebliebenen Organen des politischen Establishments nahe.

Insbesondere Al-Nour, die Partei des Lichts, könnte künftig eine Schlüsselrolle spielen. Trotz ihres nicht spannungsfreien Verhältnisses teilen Salafisten und die oft als »gemäßigt« eingestuften Muslimbrüder gewisse islamistische Lehrsätze miteinander und sprechen im Prinzip dasselbe Publikum an. Im Machtkampf mit dem Militär, das seine privilegierte Sonderrolle mit allen Mitteln in die neue Ära der ›islamischen Demokratie‹ hinüberretten will, kooperieren die frommen Brüder und die Salafisten aus taktischen Gründen dann, wenn es opportun erscheint.

Der Erfolg der Muslimbrüder und der völlig unerwartete Aufstieg der Salafisten bereiten den säkularen Ägyptern großes Unbehagen und steigern ihre Angst vor einem repressiven Gottesstaat. Es gibt Stimmen in Ägypten und im Westen, die deshalb empfehlen, den Salafisten ihren Triumph an der Wahlurne streitig zu machen und ihren politischen Ehrgeiz mit undemokratischen Mitteln zu beschneiden. Etwa auf autoritär-bürokratischem Wege, so wie das algerische Militär der »Islamischen Heilsfront« (FIS) 1991 den eindeutigen Wahlsieg genommen hat. Mit desaströsen Folgen für die Bevölkerung, die über viele Jahre hinweg einen blutigen und grausamen Bürgerkrieg erleiden musste, von dem sich die Menschen in Algerien bis heute nicht vollends erholt haben.

Der Islamwissenschaftler Jonathan Brown warnt jedoch davor, den ägyptischen Salafisten ihren Wahlerfolg zu nehmen: »Die politische Unterdrückung der Salafisten würde sich höchstwahrscheinlich als unklug erweisen. Die Erfahrungen mit den Islamisten in der Türkei und in Kuwait zeigen, dass deren Beteiligung an einem offenen, demokratischen System zu einer erheblichen Milderung ihrer Positionen führte. Die Notwendigkeit, in der Bevölkerung gewisse Befürchtungen auszuräumen, Frauen im Wahlprozess zuzulassen und politische Botschaften auf die Mehrheit der Bürger zuzuschneiden – all das hat einen zügigen Reifeprozess gefördert und zu einer mäßigenden Disziplin in den Reihen der Salafisten geführt.«[10]

Die Praxis wird zeigen, ob die Salafisten in Ägypten sich tatsächlich mäßigen und lernen, demokratische Spielregeln auf Dauer zu akzeptieren. Durchaus denkbar ist auch eine ganz andere Entwicklung. Niemand kann ausschließen, dass die ultraorthodoxen Islamisten zusammen mit dem konservativen Flügel der Muslimbruderschaft darangehen, Schritt für Schritt, aber konsequent ein islamisches System zu errichten, wenn die Macht des Militärs eines Tages an eine von den Islamisten gesteuerte zivile Regierung übergehen sollte – auch wenn es derzeit nicht danach aussieht, dass der Militärrat die Kontrolle des politischen Geschehens aufgeben will.

Die Rolle der Scharia in der ägyptischen Gesellschaft

Aus der bisherigen Darstellung lässt sich unschwer erkennen, dass der Islam eine bestimmende Rolle in der ägyptischen Gesellschaft einnimmt. So ist es nicht verwunderlich, dass die große Mehrheit der Ägypter der Scharia eine grundsätzliche Bedeutung zumisst. Jonathan Brown, der die Oxford-Enzyklopädie für islamisches Recht redigiert, zitiert diverse Gallup-Umfragen, wonach 44 Prozent der ägyptischen Frauen und 50 Prozent der Männer meinen, die Scharia solle die *einzige* Quelle der Rechtsfindung sein.[11] Das mag in westlichen Ohren beunruhigend klingen. Doch anders als im Westen, wo die Scharia vor allem mit den drakonischen Strafen für bestimmte »Straftäter« assoziiert wird – den Dieb, dem die Hand abgeschnitten wird, oder die Ehebrecherin, die gesteinigt wird –, versteht die große Mehrheit der Ägypter – auch wenn viele die rigide Strafpraxis ebenfalls befürworten – unter der Scharia zuallererst einen allgemeinen Wertekanon im Sinne idealer Ordnungsvorstellungen, die sich auf soziale und politische Gerechtigkeit beziehen.

Um das Verhältnis gemäßigter Muslime zur Scharia zu verstehen, ist eine kurze Erläuterung angebracht. Die eigentliche Domäne des islamischen Rechts ist das Familien- und Erbrecht. Darüber hinaus besteht der größte Teil der Scharia aus Vorschriften und Orientierungshilfen, die dem einzelnen Gläubigen den Weg zu einem gottgewollten Leben weisen. Wer diese Anweisungen nicht einhält, hat auf Erden indes keine Sanktionen zu befürchten, allenfalls Höllenfeuer im Jenseits. Mit der Durchsetzung dieser Scharia-Vorschriften hatte auch in vormoderner Zeit der Staat nichts zu tun.[12] Der Obrigkeit oblag hingegen die Verfolgung gewisser strafwürdiger Handlungen von Amts wegen. Hier ist von Bedeutung, dass das islamische Strafrecht nur Antworten auf einzelne Fragen gibt, die dem Propheten vorgetragen worden sind. Das koranische Strafrecht bildet also kein in sich geschlossenes Ganzes. Das heißt, eine Reihe von Straftaten, die im Koran genannt werden, sind mit einer bestimmten Strafe belegt, die im Koran festgesetzt ist, den Hudud. Es geht dabei um fünf Delikte, nämlich Unzucht und Ehebruch, Diebstahl, Straßenraub und – Weinkonsum.[13]

Rückblickend haben die islamischen Staaten schon sehr früh auf die Verhängung der koranischen Strafen verzichtet, schreibt der Historiker und Islamwissenschaftler Alexander Flores: »Sehr selten sind Dieben in der islamischen Geschichte die Hände abgeschlagen worden, so wie es der Koran will. Noch viel seltener sind Ehebrecher und Ehebrecherinnen gesteinigt worden. Der Staat setzte damals religiöse Bestimmungen nur selektiv und nach eigenem Gutdünken um. Das Bild von einem islamischen Staat, der konsequent die Scharia umsetzte, um die Untertanen in ihr Seelenheil zu peitschen, ist also falsch.«[14] Allerdings gibt es auch heute noch Staaten wie Saudi-Arabien und Iran, in denen Menschen zu Tode gesteinigt werden oder andere grausame Körperstrafen erleiden müssen. In diesen Ländern sind fundamentalistische Ideologien zur repressiven Staatsdoktrin erhoben worden. Aber auch zeitgenössische islamistische Bewegungen bestehen auf der Anwendung spezifischer Vorschriften des koranischen Strafrechts.

Angesichts dessen ist es bemerkenswert, dass, wie im Dezember 2010 in Ägypten eine Meinungsumfrage ergab, 77 Prozent der Befragten sich bei Diebstahl für die Prügelstrafe oder das Abschneiden der Hände aussprachen und 82 Prozent sagten, sie seien für die Steinigung von Ehebrechern. Allerdings erklärten 70 Prozent im gleichen Atemzug, sie lehnten extremistische und gewalttätige Islamisten wie die »heiligen Krieger« von Al-Qaida ab. Bei der Frage wiederum, ob es in Ägypten einen Kampf gebe zwischen Modernisierern und islamischen Fundamentalisten, sagten 31 Prozent Ja. Von diesen bezeichneten sich nur 27 Prozent als »Modernisierer«, aber 59 Prozent als Fundamentalisten. Gleichzeitig betonten 59 Prozent, sie bevorzugten die Demokratie gegenüber allen anderen Regierungsformen. Daraus folgt der Schluss: Die Mehrheit der Ägypter will, dass der Islam in der Politik eine größere Rolle spielt, hängt zwar mittelalterlichen Strafnormen an, weist jedoch den gewalttätigen radikalen Islamismus zurück und tritt für die Demokratie als bestes politisches System ein – ein nicht nur uneinheitliches, sondern extrem widersprüchliches Bild, hinter dem die Konturen einer möglichen »islamischen Demokratie« nur schemenhaft zu erkennen sind.

Die Scharia selbst besteht aus Gesetzestexten, die später als der Koran erarbeitet und niedergeschrieben worden sind. Was wir heute islamisches Recht nennen, ist erst viele Jahre nach dem Tod des Propheten (ca. 570 bis 632 n. Chr.) entstanden. Die Scharia ist die Auslegung des Koran und der dem Propheten zugeschriebenen Verhaltensweisen, der Sunna, durch islamische Rechtsgelehrte. Es handelt sich also um die Interpretation der »göttlichen

Botschaft«, die dem Propheten offenbart wurde. Daran haben die Rechtsgelehrten in den ersten drei Jahrhunderten nach dem Tode von Mohammed gearbeitet und ihre Deutung schließlich zur lex divina, zum göttlichen Recht von ewiger Dauer, erklärt. In dieser Gestalt umfasste die Scharia eine Vielfalt der Meinungen und Vorschriften und war durchaus flexibel. In den letzten tausend Jahren ist dieses Normengebäude nicht wesentlich geändert worden, obwohl die Gesetzestexte von Menschen geschaffen wurden, die naturgemäß fehlbar und deshalb keineswegs frei von Irrtümern sind.[15]

Warum sind Ägypter und der Westen vom Triumph der Islamisten überrascht worden?

SOLAVA IBRAHIM; KAIRO, 13. JANUAR 2012

Die ägyptische Politik- und Sozialwissenschaftlerin Solava Ibrahim, die an der Universität Manchester forscht, hat im Januar 2012 eine bemerkenswerte Analyse ins Internet gestellt. Darin redet sie den Liberalen und der revolutionären Avantgarde eindringlich ins Gewissen und benennt nicht nur ihre Handlungsdefizite, sondern erteilt ihnen auch Ratschläge, um nach der dramatischen Wahlniederlage in der Politik und in der Gesellschaft das Feld nicht allein den Muslimbrüdern und den Salafisten zu überlassen:

»Vor zwei Wochen habe ich mit einem meiner Freunde vom Tahrir-Platz gewettet, dass die islamistischen Kräfte ungefähr sechzig Prozent der Sitze bei den nachrevolutionären Parlamentswahlen gewinnen würden. Nach der zweiten Wahlrunde fürchten liberale Ägypter nun, das iranische Szenario könne sich wiederholen; koptische Christen denken darüber nach auszuwandern, und der Westen ist geschockt. Als ägyptische Sozialwissenschaftlerin, die mit Menschen in armen Wohngebieten arbeitet, kann ich diesen Schock nicht verstehen. Denn der enorme Sieg der Islamisten war vorhersehbar.

Ich will erklären, warum. Zunächst einmal haben sich viele der liberalen Gruppen erlaubt, die Macht der islamistischen Parteien und die Wirkung ihres ›religiösen‹ Diskurses zu unterschätzen oder gar zu ignorieren. Diese Naivität hat zu einer völligen Fehleinschätzung geführt. Viele Liberale nahmen an, es sei ausreichend, islamische Symbole im Wahlkampf zu verbieten und formal die Gründung politischer Parteien mit religiösen Zielen zu untersagen, um die Anziehungskraft der Islamisten zu vermindern. Jene, die solche Argumente anführten, haben wieder einmal bewiesen, dass ihr Verständnis der ägyptischen Gesellschaft auf die Grenzen ihrer Facebook-Seiten reduziert ist.

Bei meinen eigenen Untersuchungen habe ich Ägypter in zwei armen Gemeinden, in Mena, in Oberägypten, und in Manshiet Nasser, einem Slumviertel in Kairo, befragt. Ich wollte wissen, was ihnen im Leben am meisten bedeutet. Zur Überraschung der Liberalen rangierten nicht Freiheit, Würde oder soziale Gerechtigkeit an erster Stelle – nicht einmal Jobs oder Einkommen standen oben, sondern vielmehr die Religion.

Darüber hinaus haben jene, die sich vom Ausgang der Wahlen überraschen ließen, die Bedeutung, Flexibilität und die Unverwüstlichkeit der Islamisten unterschätzt. Insbesondere den Muslimbrüdern war es nicht nur gelungen zu überleben, sie vermochten sogar ihren Handlungsspielraum zu erweitern, trotz der massiven Unterdrückung durch Nasser, Sadat und Mubarak. Warum also sollte ihr gutes Abschneiden in einem ›freien‹ Ägypten so unerwartet sein? Selbst unter den verschärften Bedingungen von 2005 waren sie in der Lage, immerhin 88 von 454 Parlamentssitzen zu erobern. In mehr als sechs Jahrzehnten haben sie ihre Infrastruktur ausgebaut, Erfahrungen gesammelt, immer mehr Anhänger hinzugewonnen und ihren Radius erweitert. Vor allem aber haben sie verstanden, was die Ägypter – besonders jene in den Armenvierteln – brauchten, und sie haben ihnen dabei geholfen, es zu bekommen.

Das einzige Gesundheitszentrum in einem Slum ist gewöhnlich eine Einrichtung der Islamisten. Die einzige Hilfe für arme Familien zu Beginn eines Schuljahres kommt von islamischen Gruppen. Sie sind einfach näher an den bedürftigen Menschen dran, und ihre Programme, die sich auf Gesundheitsversorgung und Bildung konzentrieren, sind für die armen Ägypter wichtiger als die Freiheitsrufe auf dem Tahrir-Platz. Für diese Ägypter sprechen die Islamisten die Sprache, die sie verstehen.

Die liberalen Kräfte hingegen verbrachten zehn Monate nach der Revolution mit Debatten und Protestaktionen, anstatt sich den Ägyptern zuzuwenden, deren Stimmen sie so dringend benötigten. Ihre Kampagnen und ihre ›Schlachten‹ blieben begrenzt auf den Tahrir-Platz, auf Facebook-Gruppen und auf Talkshows im Fernsehen. Außerdem gründeten sie mehr als ein Dutzend Parteien, was sie nur noch weiter schwächte. Diese liberalen Gruppen stellten sich vor, ›der Mann auf der Straße‹ würde sie wegen ihrer Opfer während der Revolution automatisch unterstützen. Sie waren unfähig zu erkennen, dass in jeder Phase des politischen Übergangs in Ägypten jeweils andere politische Mittel notwendig waren.

Protestdemonstrationen funktionierten, um massenhafte Unterstützung zu mobilisieren und so das Regime zu stürzen. Wahlen waren der nächste politische Schritt, auf den sie sich vorbereiten mussten, wenn sie diese Unterstützung aufrechterhalten wollten. Nur so konnten sie sicherstellen, dass die revolutionären Kräfte in einem fairen Ausmaß im ersten Parlament vertreten sein würden.

Hinzu kommt, dass die Islamisten wesentlich pragmatischer sind als die Liberalen. Die Islamisten wissen genau, wann es angebracht ist, gegen den Militärrat zu opponieren oder sich an seine Seite zu stellen. Die Liberalen jedoch entschieden sich, weder Kompromisse mit dem Militär einzugehen noch mit ihm zu verhandeln. (...)

Abschließend bemerkt: Es gibt indes keinen Anlass zur Furcht. Ägypten kann sich nicht in einen weiteren Iran verwandeln. Warum? Sein soziales, historisches und kulturelles Erbe behindert die Nachahmung eines solchen Modells. Außerdem verfügen die islamistischen Kräfte in Ägypten nicht über eine geeinte Führung wie im Iran. Sie haben keinen Khomeini, dem die Islamisten dort bedingungslos folgten. Schließlich hat die Armee in Ägypten klargemacht, dass sie entschlossen ist, jederzeit den *säkularen* Charakter des ägyptischen Staates zu bewahren.

Aber was sollten die Liberalen tun, um eine effektivere Rolle im nach-revolutionären Parlament spielen zu können? Es ist Zeit, aufzuhören zu klagen und endlich zu handeln. Sie können damit beginnen, in die Dörfer und Slums zu gehen, um mit den Menschen zu reden, die um ihre Existenz kämpfen. Sie können ihren intellektuellen Diskurs in eine volkstümliche Sprache übersetzen, die einfache Ägypter verstehen und die es ihnen hoffentlich erlaubt, sich damit zu identifizieren. Sie können eine vereinte Front aufbauen und jene Karikaturen, die sie Parteien nennen, aufgeben. Sie können damit beginnen, die Spielregeln zu durchschauen und sich passende und flexible Taktiken aneignen, die der sich ständig verändernden politischen Lage in Ägypten gerecht werden. Nur in diesem Fall sind die Liberalen in der Lage, neben den Islamisten die nach-revolutionäre Zukunft Ägyptens effektiv mitzugestalten.«[16]

Solava Ibrahims Mahnungen an die säkularen Kräfte in Ägypten bleiben beachtenswert, ungeachtet der Tatsache, dass die Wahl später annulliert und das Parlament vom Verfassungsgericht aufgelöst wurde. Denn es gilt, die nächste, noch nicht terminierte Wahl erfolgreicher zu bestehen.

Monate nach Ibrahims scharfer Analyse sind tatsächlich Versuche der Liberalen erkennbar, sich politisch neu zu formieren. Zusammen mit prominenten Ökonomen, Rechtswissenschaftlern, Fernsehmoderatoren, Schriftstellern, Filmregisseuren und Initiatoren der Koalition der revolutionären Jugend und anderer Protestbewegungen gründet der Nobelpreisträger und ehemalige Direktor der Internationalen Atomenergieagentur, Mohamed ElBaradei, die »Verfassungspartei« (Dustour). Die neue Partei will eine breit gefächerte Bewegung sein, die den Kern einer Koalition bildet, welche alle säkularen Kräfte Ägyptens umfasst. Sehr darum bemüht, die gerade gegründete Dustour nicht als liberal oder säkular zu definieren, um dem Vorwurf der Islamisten zu entgehen, sie sei antiislamisch oder gar gottlos, betont ElBaradei, es gehe darum, die Ägypter hinter der Idee der wahren Demokratie zu vereinen. Die Partei wolle ohne ideologische Fesseln arbeiten und die Ziele der Revolution verwirklichen, die vom Weg abgekommen sei.

Enthusiastische Anhänger in beeindruckender Zahl sind dabei, als ElBaradei die Verfassungspartei den ägyptischen Medien vorstellt. Das mag darauf hindeuten, dass es ihm gelungen sein könnte, die vielen unterschiedlichen

Gruppen, die die Speerspitze der Revolution bildeten, unter einem Dach zu vereinen. ElBaradei und seine Mitstreiter sind darauf aus, in Ägypten ein neues demokratisches System zu installieren. Sie hoffen, im Zeitraum der nächsten vier Jahre die Verfassungspartei zu einer politischen Kraft aufzubauen, mit der bei den nächsten Wahlen zu rechnen sein wird.

Vor diesem Hintergrund soll auch der – trotz aller Rückschläge – ungebrochene politische Enthusiasmus vieler junger Ägypter erwähnt sein. In verschiedenen Vierteln Kairos organisieren sie in den Abendstunden Seminare, in denen sie den Menschen erklären, was eine Verfassung ist und warum sie als Rahmen politischen Handelns gebraucht wird. Das Engagement der jungen Leute lässt erkennen, dass sie unverändert darauf setzen, eine Demokratie am Nil aufbauen zu können. Und sie handeln offenbar in dem Bewusstsein, dass sie an einem Projekt arbeiten, bei dem sie noch einen langen Weg vor sich haben.

Die Muslimbruderschaft

Die ägyptische Muslimbruderschaft ist in ihrer Bedeutung kaum zu überschätzen. Seit der Gründung vor über achtzig Jahren (1928) dient sie in intellektueller und organisatorischer Hinsicht als Vorbild für nahezu alle Erscheinungsformen des Islamismus auf der Welt.

Die von dem ägyptischen Lehrer Hassan al-Banna gegründete Bewegung ist die Urmutter aller islamistischen Organisationen im arabischen Raum. Dementsprechend hat sie in vielen islamischen Ländern nationale Ableger, die auf ähnliche Weise agieren wie sie selbst. Die Muslimbrüder bilden eine Art islamistische Internationale; allerdings sind die einzelnen Gruppen nur lose miteinander verbunden. Auch in Europa und in den USA hat die Bruderschaft ihre Anhänger. In Ägypten gibt es heute mehrere Hunderttausend Muslimbrüder.

Zu Beginn hatte die missionarische Bewegung eine antikolonialistische Stoßrichtung. Ihr Gründer war davon überzeugt, dass die Muslime den kulturellen Einfluss der westlichen Moderne abwehren mussten, notfalls auch mit Gewalt. Für Hassan al-Banna stand fest:

Die arabische Nation kann nur dann wieder erstarken, wenn sie sich wieder der moralischen und kulturellen Werte des Islam besinnt. Jahrzehntelang lautete die Parole der Muslimbrüder denn auch: »Der Koran ist unsere Verfassung. Der Islam ist die Lösung.«

Einige Beobachter der Bewegung sind der Meinung, die Muslimbrüder nähmen heute eine gemäßigte Haltung ein. Sie sprechen von einer gesellschaftlich konservativen Bewegung, die der Demokratie verpflichtet sei. Andere hingegen warnen, ihr Bekenntnis zur demokratischen Ordnung sei kein Zeichen der Mäßigung, sondern Ausdruck ihres Pragmatismus. Tatsächlich seien die Ziele der Bruderschaft seit ihrer Gründung unverändert geblieben, nämlich einen islamischen Staat aufzubauen. Nach außen erscheine die Bewegung jedoch in einem anderen Licht, weil es ihr gelungen sei, ihr langfristig angelegtes Projekt vor allem auf Englisch so zu beschreiben, dass es bei Außenstehenden Sympathie erwecke. Wenn sich die Gelegenheit ergäbe, würden die Muslimbrüder ohne Zögern darangehen, das Fundament für eine islamische Ordnung zu legen, fest das Ziel im Auge, die ägyptische Gesellschaft total und umfassend zu islamisieren.

Die Bruderschaft ist eine strikt hierarchisch aufgebaute Organisation, eine »geschlossene Gesellschaft«, die sich abschirmt und tief geprägt ist von jahrzehntelangem Überlebenskampf im Untergrund. Die Mitglieder schwören absoluten Gehorsam gegenüber den Anweisungen der Führung. Grundsatzfragen werden im Schura-Rat erörtert. Alle stimmberechtigten Mitglieder sind befugt, an den Entscheidungen in der beratenden Versammlung mitzuwirken. Auf der Grundlage dieser Beschlüsse getroffene Entscheidungen des Leitungskomitees müssen von den einzelnen Mitgliedern befolgt werden. Wer aus der Reihe tanzt, hat in letzter Konsequenz mit dem Ausschluss aus der Bruderschaft zu rechnen. Das gilt auch für die frei gewählten Parlamentsabgeordneten der Partei für Freiheit und Gerechtigkeit, des politischen Arms der Bewegung.

Die frommen Brüder sind heute die stärkste und am besten organisierte politische Kraft in Ägypten. Nach ihrem knappen Sieg bei den Präsidentschaftswahlen im Juni 2012 liegt die Zukunft des Landes mit in ihren Händen.

Die künftige Politik der ägyptischen Muslimbrüder strahlt weit über die Grenzen des Landes am Nil hinaus; sie wird sich auf andere Länder der Region auswirken, weil die historische Rolle der Bruderschaft und das daraus erwachsene Prestige ihrem politischen Handeln Vorbildcharakter verleiht. Grund genug zu fragen: Wer sind die Muslimbrüder und wie denken sie? Wie machen sie Politik, und welche Ziele verfolgen sie?

Bevor ein Muslim darauf hoffen kann, in die Bruderschaft (Ichwan) aufgenommen zu werden, hat er viele Hürden zu überwinden. Er unterwirft sich einem Prozess, der mehrere Jahre andauert. Erst wenn er zu einer Persönlichkeit gereift ist, welche die Lehre der Bruderschaft verinnerlicht hat, kann er dem »Pakt mit Gott«

beitreten. Damit gehört er zur »Gemeinschaft«. Bevor es jedoch dazu kommt, muss er erst einmal die Phase des »Muhib« durchlaufen und zeigen, dass er begeistert und von ganzem Herzen seine Frömmigkeit und seine religiöse Treue vertieft. Das dauert normalerweise zwischen sechs Monaten und einem Jahr. Genügt er den gestellten Anforderungen nicht, wird er von der Bewegung zurückgewiesen.[17]

Sobald er aber Grundkenntnisse des Koran, eine vertiefte Frömmigkeit und die regelmäßige Einhaltung der Gebetszeiten unter Beweis stellt, steigt er empor auf die Ebene des »Muayyad«. Als »Unterstützer« ist es nun seine Pflicht, die Koranstudien auf einem höheren Niveau zu betreiben ebenso wie sein Verständnis der Lehre der Bruderschaft zu steigern. Diese Phase kann bis zu drei Jahre umfassen und schließt neue Pflichten ein, wie das Predigen und Anwerben potenzieller Mitglieder. Zu diesem Zeitpunkt ist der »Unterstützer« allerdings immer noch nicht wahlberechtigt. Auf der nächsten Stufe wird der Bruder dann zum »Muntasib«. Er ist der Organisation jetzt »zugehörig«. Ein Jahr lang muss er seine Koranstudien fortsetzen und wird in seinem Verhalten aufmerksam beobachtet. Wenn er diesen Schritt getan hat, wird er zum »Muntasim« und übernimmt für zwei Jahre organisatorische Aufgaben. Auf dieser Stufe ist der Bruder verpflichtet, sich den Koran einzuprägen. Darüber hinaus wird seine Loyalität genauestens unter die Lupe genommen und auf die Probe gestellt, bevor er für die nächsthöhere Ebene infrage kommt. Ist dies der Fall, darf er nunmehr als »ach'amal« oder »arbeitender Bruder« agieren.

Auf dieser Stufe angelangt, kann ein Bruder an allen internen Wahlen teilnehmen und ist nun berechtigt, sich um höhere Positionen zu bewerben.

Alles in allem nimmt dieser Prozess fünf bis acht Jahre in Anspruch und führt ganz gezielt zu einer engen Bindung des Bruders an die Bewegung, sodass die Führung mit größtmöglicher Sicherheit auf die ideologische Treue des Bruders setzen kann. Das gilt ebenfalls für die uneingeschränkte Anerkennung der Autorität des Führungskomitees, was in der Praxis dem uneingeschränkten Gehorsam eines Bruders gleichkommt. Die Bindung unter den Muslimbrüdern ist so eng, dass sie nur selten zerbricht. Sie sind nicht nur ideologisch zusammengeschweißt, sondern oft sind sie auch geschäftlich, gesellschaftlich und familiär miteinander verbunden. Wer die Bruderschaft im Unfrieden verlässt, läuft Gefahr, finanzielle Verluste zu erleiden und von Freunden und Familie geschnitten zu werden. Abtrünnige Brüder werden von ihren ehemaligen Gesinnungsgenossen nicht selten als Abweichler hingestellt, die »ihren Pakt mit Gott gebrochen« haben.

Das komplexe und aufwendige Verfahren dient jedoch auch dem Selbstschutz der Organisation. Damit soll verhindert werden, dass etwa Agenten der staatlichen Geheimdienste die Bruderschaft unterwandern, so wie das in der Vergangenheit bei verschiedenen politischen Parteien in Ägypten geschehen ist.

Kaum wahrscheinlich, dass sich kurzfristig an der Struktur der Muslimbruderschaft etwas ändern wird. Gerade diese innere Ordnung soll sicherstellen, dass die Doktrin der Bewegung nicht verwässert. Es ist die totale Hingabe eines Bruders an die Erfüllung seines Auftrags in der Gesellschaft, die ihn in den Augen vieler Ägypter glaubwürdig macht und ihn über jeden Verdacht von Bestechlichkeit erhebt. Das ist besonders bedeutsam in einem Land, in dem die Korruption den Gang der Dinge in allen Lebensbereichen beeinflusst.

Bei der Bruderschaft handelt es sich um eine *Gemeinschaft von Gläubigen*, die bei allen möglichen Unternehmungen einander zuarbeiten. Sie treffen sich mindestens einmal in der Woche innerhalb der »Usra« – der Familie –, der sie angehören. Ob sie nun an einer Bildungsveranstaltung teilnehmen, gemeinsam bestimmte Texte erörtern oder soziale Aufgaben wahrnehmen – ihr Lebensrhythmus wird in erheblichem Maße durch die Bruderschaft bestimmt. Ihr Dasein in und mit der Gemeinschaft ist ein »Lebensstil«, wie Shadi Hamid sagt.[18]

Die Bruderschaft ist mit einer herkömmlichen politischen Partei nicht zu vergleichen. So treten auch Ägypter der Bruderschaft bei, die überhaupt nicht an Politik interessiert sind. Diese Leute wollen in den Himmel kommen und glauben, als Muslimbrüder könnten sie durch ihr Tun zu besseren Muslimen werden. Diese Überzeugung kennen wir schon aus dem Mund von Dr. Tarik, dem frommen Historiker, der mich vor den Parlamentswahlen in die Kairoer Zentrale der »Partei für Freiheit und Gerechtigkeit« begleitet hat.

Die ägyptische Muslimbruderschaft ist eine Massenbewegung, die Hunderttausende von Mitgliedern umfasst und zusätzlich von Millionen von Anhängern und Sympathisanten unterstützt wird. Sie finanziert sich durch jährliche Zuwendungen der Mitglieder; Brüder, die mit ihren Geschäften reich geworden sind, darunter auch Multimillionäre, zahlen große Summen, manchmal auch sechs- oder siebenstellige Beträge, in die Kassen der Bewegung. Die Beiträge der Mitglieder sind ihre Haupteinnahmequelle.[19] Aber es gibt auch Spender aus dem ganzen arabischen Raum, vor allem aus den Ländern am Persischen Golf. Dort leben zahlreiche ägyptische Brüder, die in der Fremde zu Wohlstand gekommen sind.

Soziologisch betrachtet gehören die meisten Mitglieder der Bruderschaft der Mittelklasse oder der oberen Mittelklasse an. Hier finden sich überwiegend Ärzte, Ingenieure, Anwälte, Journalisten und Geschäftsleute. Die Bewegung ist stark im urbanen Raum verwurzelt und ganz offensichtlich übt sie eine bemerkenswerte Anziehungskraft auf gut ausgebildete Bevölkerungsschichten aus. Präsenz und Einfluss der Muslimbrüder sind aber auch auf dem Land beträchtlich, wo sie indes seit geraumer Zeit der Konkurrenz der Salafisten ausgesetzt sind.

Die Bruderschaft herrscht über eine Vielzahl von Einrichtungen, die über den Kontakt mit dem Publikum und den Kunden unmittelbar in die Bevölkerung hineinwirken. Dazu gehören Banken, Wirtschaftsbetriebe, Moscheen, Krankenhäuser, Schulen, Pfadfindergruppen und Kindertagesstätten. Sie kontrolliert damit ein Netz von Institutionen, die sich zu einer Art Parallelgesellschaft entwickelt hat. Die Muslimbrüder sind mit der ägyptischen Gesellschaft verwoben, und gleichzeitig haben sie einen riesigen Apparat aufgebaut, der verwaltet und gemanagt werden muss. Die Bewegung ist trotz ihrer Hierarchie keinesfalls ein monolithischer Block. Die Bruderschaft gleicht einem großen Räderwerk, in dem viele Gruppen und Einzelpersonen unterschiedliche Vorstellungen hegen, sodass es viel Geschick erfordert, die Laufwerke der Räder zu synchronisieren.

Die lange Geschichte der Muslimbruderschaft

Als Hassan al-Banna 1928 die Kaffeehäuser Kairos abklapperte, um seine missionarische Botschaft an den Mann zu bringen, hätte er sich nicht träumen lassen, dass er schon fünfzehn Jahre später der Führer einer beeindruckenden Massenorganisation sein würde. Zu dieser Zeit lebten ungefähr zwanzig Millionen Menschen in Ägypten. Schätzungen gehen davon aus, dass die Muslimbruderschaft in den Vierzigerjahren etwa eine Million Mitglieder zählte. Al-Banna war es also in relativ kurzer Zeit gelungen, einen beträchtlichen Teil der ägyptischen Bevölkerung für seine Sache zu gewinnen. Zu Anfang führte er eine »Missionsgesellschaft«, deren Mitglieder durch ihr beispielhaftes Verhalten aus den Ägyptern fromme und hingebungsvolle Muslime machen wollten. Die Gruppe wertete ihr Verständnis vom Islam als das einzig wahre und sah Abweichler als eine Quelle für nationale Schwäche.

Der »westliche Materialismus« und die »libertäre Kultur des Westens« sollten verbannt werden, damit die Muslime wieder zum Kern der islamischen Werteordnung vordringen konnten. Al-Banna forderte die Ägypter in dieser Phase auf, sich zu einen, um den Imperialismus zu bekämpfen und dem Zionismus entgegenzutreten. Er sah die nationalistische Bewegung der aus Europa stammenden Juden als Teil des westlichen Kolonialismus, der sich in der Region auf Kosten der Araber ausbreiten wollte. Schon damals forderte die Bruderschaft soziale Gerechtigkeit und verpflichtete sich, die wirtschaftliche Entwicklung voranzutreiben.

Als die »Freien Offiziere« 1952 mit einem unblutigen Putsch den von Großbritannien gestützten König Faruk vom Thron stoßen, handeln sie auch im Geiste der Muslimbrüder, die die »Revolution« unterstützen. Aber das neue Militärregime unter Oberst Gamal Abdel Nasser erkennt bald, dass die Bruderschaft mit ihrer Massenbasis eine mögliche Gefahr für den Machterhalt darstellt. Der panarabische Nationalist Nasser, der sozialistischen Ideen zuneigt, weist das Verlangen der Muslimbrüder nach Einführung der Scharia zurück. 1954 versucht ein Mitglied der Bruderschaft, Nasser zu ermorden. Das Attentat scheitert und liefert Nasser den willkommenen Vorwand, um gegen die Bewegung mit aller Härte vorzugehen. Tausende von Muslimbrüdern werden in der Wüste in Konzentrationslager gesperrt. Viele sind brutaler Folter ausgesetzt, andere wiederum müssen ins Exil flüchten, um der Exekution zu entgehen. Wer kann, geht in den Untergrund.

Die blutige Unterdrückung durch das Nasser-Regime ist die schlimmste Periode in der Geschichte der Muslimbruderschaft. Die Führer der Bewegung ziehen unterschiedliche Lehren aus ihren Erfahrungen während dieser Zeit.[20] Einige unter ihnen, wie der Ideologe Sayyid Qutb, suchen ihr Heil in radikalen Ideen. Für Qutb steht nun fest, dass gegen die enormen Zwangsmittel des modernen Staates nur die Gegengewalt des Dschihad, des Heiligen Krieges, wirksam sein kann. Hassan el-Houdaiby, der Nachfolger von Hassan al-Banna als Führer der Bruderschaft, plädiert hingegen für mehr Rechtstreue und Zurückhaltung gegenüber dem Staat. Allerdings gewinnt Qutb mit seinen extremistischen Vorstellungen an Einfluss und führt bis Anfang der Sechzigerjahre de facto die Organisation. Er inspiriert bis heute militante islamistische Bewegungen, die sich mit Vorliebe auf sein Traktat »Meilensteine« berufen. Die Mehrheit der Brüder hat sich jedoch schon seit Jahrzehnten von den Dschihad-Ideen Qutbs abgewandt.

Die heute häufig gestellte Frage, was die Muslimbrüder mit den Terroristen von Al-Qaida und anderen Dschihadisten (Gotteskriegern) zu tun haben, verdient folgende Antwort: Die Dschihadisten leiten ihre kruden Ideen für den »Heiligen Krieg« auch von der ideologischen Linie ab, die auf Sayyid Qutb zurückgeht.

Es besteht insoweit eine Verbindung, als Qutb aus der Entwicklungsgeschichte der Muslimbrüder nicht hinwegzudenken ist. Allerdings gehört dessen Lehre der politischen Gewalt nicht mehr zum Kanon der Bruderschaft. Sie hat schon seit Langem der Gewalt abgeschworen und den Marsch durch die Institutionen angetreten.

Als Präsident Anwar al-Sadat in den frühen Siebzigerjahren Verbündete gegen die arabische Linke sucht, entschließt er sich, die Muslimbrüder wieder agieren zu lassen. Er verfügt eine Amnestie, und viele Mitglieder und Führer der Bruderschaft erhalten ihre Freiheit zurück. Die Bewegung entscheidet sich für einen Strategiewechsel. Statt zum Sturz arabischer Herrscher aufzurufen, wollen die Muslimbrüder nun innerhalb des bestehenden politischen Systems arbeiten. Sadat erlaubt ihnen, ihre Organisation neu aufzubauen und wieder in der ägyptischen Gesellschaft Wurzeln zu schlagen. Und das hat weitreichende Konsequenzen. Ausgerechnet Sadat, der einige Jahre später den Friedensvertrag mit Israel unterzeichnen sollte, ist für die Anfänge der Reislamisierung des damals liberalen Ägyptens verantwortlich. Sadat ging sogar so weit und änderte die Verfassung. Seither ist die Scharia »eine der Hauptquellen der Rechtsfindung« in Ägypten. Es vollzieht sich ein grundlegender Wandel, der sich schon seit der für die Araber so beschämenden Niederlage gegen Israel im Sechstagekrieg 1967 abzeichnet. Weg vom Liberalismus, weg von den säkular ausgerichteten Ideologien des panarabischen Nationalismus, weg von sozialistisch geprägten Vorstellungen, die allesamt das Los der Menschen nicht verbessert haben. Und hin zu den herkömmlichen Wertvorstellungen des orthodoxen Islam und seiner politischen Ausprägung, dem Islamismus.

Dieser »Kulturwandel« ist für die wiederauferstandenen Muslimbrüder ein Geschenk des Himmels. Sie nutzen die islamische Rückbesinnung für die Propagierung ihrer Ziele. Nur ein im Sinne der Scharia gottgefälliges Leben eröffnet den Weg zum Paradies. Die einfache, aber wirkungsvolle religiöse Formel wird zum Erfolgsrezept der Muslimbrüder. Ihr Konzept ist für eine schnell wachsende Zahl von Ägyptern die einzige ideologische Alternative zu den gescheiterten säkularen Konzepten.

Die »islamische Wiedergeburt« beginnt in den Siebzigerjahren und führt zu einer soziokulturellen Wende, deren Folgen seit den Achtzigerjahren deutlich zutage treten. Von 1984 an beteiligen sich die Muslimbrüder an den Wahlen für die Führungsgremien der unterschiedlichen freien Berufe. Dazu zählen Ärzte, Ingenieure, Rechtsanwälte oder Apotheker, Berufsgruppen also, die soziales Ansehen genießen und deren Mitglieder als Multiplikatoren unmittelbar auf die Menschen einwirken.

Die Bruderschaft will das politische System nutzen, um es im Sinne ihrer Ziele von innen heraus zu ändern. Tatsächlich hat das System aber auch die Muslimbrüder beeinflusst. Führende Mitglieder, die in die Berufsvereinigungen gewählt werden, beteiligen sich nun fortlaufend am Dialog und an der Zusammenarbeit mit Vertretern anderer politischer Gruppen, einschließlich der arabischen Nationalisten. Dieses Miteinander ideologischer Gegner lässt sie erkennen, dass es im Interesse aller, Islamisten wie Nationalisten, liegt, gemeinsam mehr öffentliche Freiheiten, mehr Demokratie, mehr Rechtsstaatlichkeit und die Wahrung der Menschenrechte zu fordern. Inhalte also, die ihre Bewegungen, wie sie einräumen, bisher vernachlässigt haben.

Einige Jahre später beginnt es innerhalb der Muslimbruderschaft zu rumoren. Viele Brüder verlangen innere Reformen. Einige wollen sogar die ideologische Ausrichtung der Bewegung ändern. Frauenrechte und mehr Pluralismus gehören zu den Forderungen. Das Machtmonopol der alten Garde innerhalb des Führungskomitees der Bruderschaft wird kritisiert. Größere Transparenz und konsequente Rechenschaftslegung der Chefs sowie die korrekte Anwendung der Vorschriften bei der Wahl des Oberhauptes und der Festlegung der Politik der Bruderschaft sind weitere Punkte, die die Reformer behandelt wissen wollen.

Doch die alte Garde zeigt sich weniger flexibel als erhofft. Schließlich verlassen eine Reihe prominenter Mitglieder des »Reformflügels« die Bruderschaft und gründen 1996 mit dem »Zentrum« (Hizb al-Wasat) eine eigene politische Partei. Es stellt sich jedoch heraus, dass das Zentrum bis heute nicht in der Lage ist, der Bruderschaft in großer Zahl Mitglieder zu entziehen und ihr damit ernsthaft Probleme zu bereiten. Bei den Parlamentswahlen nach der Revolution von 2011 erhält die Partei ganze zwanzig Sitze, das sind zwei Prozent.

Trotz des unverändert engstirnigen Denkens bei den entscheidenden Männern des Führungszirkels, das auch in der schwierigen Phase des Übergangs seit der Revolution des 25. Januar deutlich sichtbar wird, hat es in den letzten dreißig Jahren einige Veränderungen in der Bruderschaft gegeben.

Die Führung ist heute wenigstens daran gewöhnt, sich regelmäßigen Wahlen zu stellen. Das heißt, die Chefs begeben sich in einen begrenzten Wettbewerb. Ihr Handeln ist kompetenter geworden und sie haben mehr Verbindungen mit Kräften außerhalb des islamistischen Lagers geknüpft. Dazu gehören Journalisten, Wissenschaftler und Politiker. Viele politische Entscheidungen, die früher das Oberhaupt mit seinen Beratern im Hinterzimmer auskungelte bzw. selbstherrlich traf, werden heute im Schura-Rat zur Abstimmung gestellt, nachdem vorher darüber diskutiert worden ist.

Die Muslimbruderschaft ist nie ein monolithischer Block gewesen; inzwischen haben sich die unterschiedlichen Positionen noch weiter aufgefächert. Im Großen und Ganzen spricht man von drei Gruppen. Die »Da'wa«-Fraktion umfasst die konservativen Ideologen, die den Glaubensruf, also den missionarischen Eifer, in den Vordergrund stellen. Sie sind stark im Führungsgremium der Bewegung und auch in den lokalen Zweigstellen vertreten. Sie kontrollieren die bürokratischen Abläufe und die Zuweisung der finanziellen Mittel und steuern auch die Integration der jungen Kandidaten in die Bruderschaft. So gelingt es ihnen, die Loyalität der jungen Leute, besonders in den ländlichen Gebieten, zu gewinnen. Daneben gibt es die »pragmatischen Konservativen«. Sie sind die Hauptströmung in der Bewegung. Sie verbinden eine konservative religiöse Haltung mit der Überzeugung, dass es richtig sei, sich zu engagieren und am politischen Prozess teilzunehmen.

Schließlich sind da noch die »Reformer«. Sie haben sich dazu entschieden, in der Bruderschaft zu bleiben, obwohl sie eine Minderheit bilden. Sie vertreten eine fortschrittlichere Interpretation des Islam. Die Reformer sind im höchsten Führungsgremium nur schwach vertreten und haben auch bei den einfachen Mitgliedern bisher nur wenig Rückhalt. Die Reformer kritisieren das autoritäre Gehabe der Führung, verlangen mehr Freiraum für Debatten, stärkere Beteiligung der Frauen und der jungen Brüder und transparente Richtlinien für die Entscheidungsfindung. Sie bestehen darauf, staatsbürgerliche und demokratische Werte in einem islamischen Kontext zu begründen. Und vor allem fordern sie eine weitreichende Umstrukturierung im organisatorischen Bereich und eine Neuorientierung in der Doktrin der Bruderschaft. Das würde eine Trennung der religiös bestimmten Missionsarbeit von jenen Netzwerken bedeuten, die sich der politischen Arbeit widmen.

Diese reformerischen Muslimbrüder waren besonders engagiert, als es im Vorfeld des Januaraufstandes um die Mobilisierung der Jugend ging. Sie drängten die einflussreichen Führer dazu, sich an der Revolution zu beteiligen, als die Bruderschaft noch schwankte und sich nicht entscheiden konnte. Die Reformer hielten im April 2011 eine Konferenz ab, um ihre »Agenda für die Zukunft« zu formulieren. Zuvor hatten sie in Diskussionen mit den Konservativen argumentiert, die überschäumende »jugendliche Begeisterung« könne mit Erfolg in eine moderne islamistische Partei eingebracht werden. Doch die Führer der Partei für Freiheit und Gerechtigkeit boykottierten die Konferenz.

Bei Licht betrachtet, hat die konservative Führung der Muslimbruderschaft keinen einzigen der Kritikpunkte der Reformer verinnerlicht. Ausschlaggebend war hier gewiss die Befürchtung, eine grundlegende Strukturreform und eine Neuausrichtung der »Parteidoktrin« könnte die konservative Basis entfremden und in die Arme der Salafisten treiben. Diese mangelnde Flexibilität hat eine Reihe prominenter Muslimbrüder – wie den jungen Intellektuellen Ibrahim el-Houdaiby, der uns ja schon begegnet ist – veranlasst, zurückzutreten.

Der bekannteste Repräsentant der Reformer war bis kurz nach der Revolution der Arzt Abdel Moneim Aboul Fotouh. Als er sich gegen den Willen der Führung entschied, für die Präsidentschaftswahlen zu kandidieren, schloss ihn das Gremium aus. Damals wie heute gilt er als Vorbild und Quelle der Inspiration für die neue Generation islamistischer Verfechter der Demokratie. Und zwar innerhalb wie außerhalb der Bruderschaft. Auf Aboul Fotouh werden wir später näher eingehen, weil er für die weitere Entwicklung in Ägypten noch eine bedeutende Rolle spielen könnte.

Das Programm der Muslimbrüder

Die Muslimbrüder haben im Laufe der Zeit eine gewisse Wandlungsfähigkeit bewiesen. Hinweise darauf, welche Linie sie verfolgen, wenn sie an der Macht sind, finden sich am ehesten im Programm der »Partei für Freiheit und Gerechtigkeit« (PFG), dem parlamentarischen Arm der Bruderschaft.[21]

In der Einführung des 93-seitigen Papiers kritisieren die Autoren zunächst eine den modernen Parteien innewohnende Schwäche, die sich allzu sehr praktischen Angelegenheiten, wie der Gesetzgebung, zuwendeten. Die PFG hingegen widme sich anderen Fragen, die gewiss nicht weniger wichtig seien. Das umfasse die intellektuellen, spirituellen, moralischen und besonders die Glaubens-Aspekte des Menschen. Um dies zu begründen, zitieren sie pikanterweise die Worte Christi: »Der Mensch lebt nicht vom Brot allein.«

Das prinzipielle Ziel der Partei wird so dargestellt: »Es geht darum, die Reinheit der Seelen und Herzen zu bewirken, und darum, das Wesen des Menschen zu verfeinern. Dazu dient der Ruf, sich zur Verehrung Gottes zu verpflichten und die Menschen an Gott und den Jüngsten Tag zu erinnern, um ihr Gewissen aufzurütteln.« Das

Mubarak-Regime hingegen habe Ägypten von Gott entfernt und es zu einer »Kolonie westlicher und zionistischer Politik« gemacht, ja, durch sein Tun Gott und den Jüngsten Tag vergessen gemacht. Und das sei einer der wichtigsten Gründe für den Aufstand des ägyptischen Volkes gewesen.

Es folgt die Versicherung, die eigene Politik immer an den Werten und Prinzipien des Islam auszurichten. Dies ist verbunden mit der Bestätigung, dass die Prinzipien der islamischen Scharia als Hauptquelle der Gesetzgebung zu gelten haben. Wohingegen die nichtmuslimische Minderheit das Recht besitze, in familiären und religiösen Angelegenheiten ihre eigene Gerichtsbarkeit in Anspruch zu nehmen.

Das Programm fordert eine Justizreform. Es heißt, das Recht jedes einzelnen Bürgers, einen »Hisbah«-Fall anzustrengen, müsse wiederhergestellt werden. Das »Hisbah«-Prinzip ermächtigte früher jeden Ägypter, jemanden zu verklagen, der seiner Ansicht nach ein »göttliches Recht« verletzt hat. Um Missbrauch auszuschließen, war das Gesetz 1998 geändert worden, sodass kein individueller Kläger mehr ein Verfahren wegen Apostasie (Ketzerei) anstrengen konnte. So wie das im Fall des ägyptischen Professors Nasr Hamid Abu Zaid (1943–2010) geschehen war, der von einem islamistischen Rechtsanwalt in den Neunzigerjahren verklagt wurde.

Abu Zaid gehörte zu den bedeutendsten islamischen Denkern der Gegenwart. Seine Thesen zum Koran, zur islamischen Theologiegeschichte und zum modernen Islamismus hatten ihm den Vorwurf der Ketzerei und zahlreiche Morddrohungen eingebracht. Ein ägyptischer Richter verfügte 1995 die Zwangsscheidung von seiner Frau. Zuvor war der Professor von einem Scharia-Gericht zum Ketzer gestempelt worden. Da Abu Zaid und seine Frau ihre Ehe nicht aufs Spiel setzen wollten, gingen sie ins europäische Exil.

Die Haltung der PFG beim »Hisbah«-Prinzip macht deutlich, wie problematisch sich die konservative Ideologie der Muslimbrüder in der Praxis auswirken kann, wenn es tatsächlich zu dieser »Reform« kommt. Sie würde wohl kaum den gesellschaftlichen Frieden im Lande fördern.

Zur Frauenfrage lesen wir im Parteiprogramm folgende Formulierung: »Frauen haben einen Anspruch auf alle ihre Rechte«, jedoch nur, »wenn dies nicht mit den grundsätzlichen Werten der Gesellschaft kollidiert und es gelingt, ein Gleichgewicht zwischen den Pflichten und Rechten der Frauen herzustellen.« Das klingt nicht gerade nach einer gewollten Stärkung der Frauenrechte.

Die Zivilgesellschaft will man angeblich fördern. Sie wird als »Partner des Staates bei der Umsetzung gesellschaftlicher Interessen« bezeichnet. Ihr ist allerdings nicht erlaubt, »gegen die fundamentalen Werte der Gesellschaft zu verstoßen«. Diese, so muss man hinzufügen, werden durch den Islam bestimmt, so wie ihn die Bruderschaft versteht.

Auf dem Feld der Außenpolitik heißt es, die Einmischung eines anderen Staates in die inneren Angelegenheiten eines Landes im Namen der universellen Menschenrechte sei abzulehnen. Das gelte ebenfalls für die Förderung der Demokratie. Dieser letzte Satz zielt eindeutig auf westliche Nichtregierungsorganisationen, die sich in Ägypten seit Jahren für die Stärkung der Zivilgesellschaft einsetzen. Diese Aktivitäten sind nicht nur den Islamisten, sondern auch den »Nationalisten« des alten Regimes und besonders dem Militärrat ein Dorn im Auge. Sicher auch, weil sie wegen der kolonialen Vergangenheit Ägyptens als Bevormundung durch die alten Imperialisten betrachtet werden. Eine Rolle spielt hier aber ebenfalls die Tatsache, dass viele dieser westlichen Akteure, wenn auch längst nicht alle, gerade jungen Ägyptern erfolgreich demokratisches Bewusstsein vermitteln. Und das liegt nicht im Interesse der genannten Kräfte, die allesamt eine »gelenkte Demokratie« befürworten, weil sie glauben, nur so ihre Interessen wahren zu können.

Die Muslimbrüder haben nach dem Sturz von Präsident Mubarak mehrfach öffentlich verkündet, sie wollten das Verhältnis zwischen Ägypten und der Islamischen Republik Iran verbessern. In diesem Sinne spricht ihr Parteiprogramm von »der arabischen und *islamischen* Einheit als eine der Bedingungen für die Sicherheit Ägyptens«. Mubarak unterhielt faktisch keine Beziehungen zur iranischen Theokratie. Unabhängig davon, dass die iranische Führung den Mörder von Präsident Anwar al-Sadat unverändert in Ehren hält und in Teheran eine Straße nach ihm benannt ist, lag die Iran-Politik Mubaraks im Einklang mit den USA und Israel, aber auch mit Saudi-Arabien. Die sunnitischen Saudis betrachten das schiitische Regime als gefährlichen Konkurrenten in der Region zwischen dem Persischen Golf und dem Mittelmeer. Deshalb sind sie alles andere als erfreut, dass die Muslimbrüder die Feindschaft mit dem Iran begraben wollen.

Der Friedensvertrag mit Israel wird im PFG-Programm nur indirekt angesprochen, indem es heißt, zwischenstaatliche Verträge müssten von der Bevölkerung akzeptiert werden. Diese Formulierung stellt – angesichts der offenen Ablehnung des ägyptisch-israelischen Friedensvertrages durch die große Mehrheit der Ägypter – eine Verbeugung vor der öffentlichen Meinung dar, ohne sich in der künftigen Außenpolitik gegenüber Israel endgültig festzulegen. Es ist nicht zu übersehen, dass die meisten Ägypter keine wirklichen Beziehungen mit Israel wollen. Nicht nur die Muslimbrüder, sondern alle politisch relevanten Kräfte im Lande, ob religiös oder säkular ausgerichtet, lehnen es ab, das Verhältnis zu Israel so eng zu gestalten, wie das zu Mubaraks Zeiten der Fall war. Die kritische Haltung der ägyptischen Bevölkerung gegenüber Israel hängt vor allem mit der israelischen Palästina-Politik zusammen. Dem wird die neue Außenpolitik Kairos Rechnung tragen. Ähnlich wie die Türkei, die früher sehr gute Beziehungen zu Jerusalem hatte, heute aber sehr distanziert und kritisch mit Israel umgeht, so wird wohl auch Ägypten die diplomatische Zusammenarbeit mit Israel fortsetzen. Doch die dazu gespielte Begleitmusik wird mitunter recht schrill klingen und durch symbolische Gesten verstärkt werden.

Die Partei der Muslimbrüder wirft Israel in ihrem Programm an anderer Stelle ohne Umschweife »zionistische Gier« auf der Halbinsel Sinai vor. Dem soll durch staatlich gesteuerte Ansiedlung von Muslimen auf dem Sinai begegnet werden. Dahinter steckt wiederum die ägyptische Kritik an dem Sinai-Passus des Friedensvertrages, wonach Kairo nur eine begrenzte Anzahl von Truppen auf der Halbinsel stationieren darf, was von fast allen Ägyptern als inakzeptable Einschränkung der ägyptischen Souveränität verurteilt wird.

Darüber hinaus beschreiben die Muslimbrüder die Palästina-Frage als den »gefährlichsten Fall für die nationale Sicherheit Ägyptens«, weil das »zionistische Gebilde ein aggressives, expansionistisches und rassistisches Unternehmen der Siedler« sei.

Auf dem Feld der Bildung und Erziehung wiederholt das Papier altbekannte Positionen der Muslimbrüder. Westliche Bildungsinhalte und -prinzipien werden rundweg abgelehnt. Stattdessen soll die Arabisierung der akademischen Lehre betrieben werden. Das Ziel der Erziehung sei es, die »arabische und islamische Identität« zu stärken. Wissenschaftler müssten sich »der Ethik und den Werten« verpflichtet fühlen. Es sei sehr wichtig, die Jugend gegen die »kulturelle Invasion« zu schützen, die »darauf abziele, die Nation zu schwächen«, weil die »schlauen Tricks der westlichen Kultur nur Verderbnis« hervorbrächten. Deutlich wird, dass die konservativen Muslimbrüder für westliche Kultur und abendländische Bildung auch heute nichts als vernichtende Pauschalurteile bereithalten. Bei ihnen ist keine Bereitschaft zu erkennen, sich differenziert mit dem komplexen Thema auseinanderzusetzen.

Was die künftige Wirtschaftsordnung angeht, die im Staat der Muslimbrüder herrschen soll, so lesen wir nur, dass die ägyptische Nationalökonomie auf der Grundlage des islamischen Wirtschaftssystems aufgebaut werden soll.

Anscheinend sind die Autoren des Parteiprogramms darum bemüht, die Ängste religiöser Minderheiten zu zerstreuen. Die Muslimbrüder wollen die freie Religionsausübung der koptischen Christen nicht einschränken. Dennoch finden sich einige Stellen im Text, die im Blick auf die Religionsfreiheit besorgniserregend klingen. Da gibt es zum Beispiel ambivalente Formulierungen, die anzudeuten scheinen, dass die christlichen Stiftungen und auch die Kirchen selbst unter staatliche Kontrolle gestellt und in ihrer Handlungsfähigkeit beschnitten werden sollen.[22]

Was gesellschaftliche Freiheiten und künstlerische Freiräume betrifft, so enthält das Programm einige äußerst problematische Positionen. So plant die Partei ein neues Familienrecht, das ausschließlich auf der islamischen Scharia aufbaut. Damit deuten die Muslimbrüder an, dass sie alle Rechte, die die ägyptischen Frauen bei Scheidungs- und Sorgerechtsverfahren erkämpft haben, revidieren könnten. Ehefrauen wird das Privileg gewährt, zu arbeiten, »aber nur solange wie die Arbeit die *Rechte der Familie* nicht berührt und die Vorschriften der Scharia nicht verletzt«.

In kulturellen Angelegenheiten ist die Partei der Ansicht, dass der Künstler sein kreatives Werk nicht losgelöst von der öffentlichen Moral erschaffen darf. Das ägyptische Kino solle auf »schlechte Produktionen« verzichten und stattdessen gemeinsam mit der Partei und der Zivilgesellschaft »eine Strategie entwerfen, um *Vorbilder*, also positiv wirkende Idole, im Film und auf anderen Gebieten der Künste zu schaffen«. Ägyptische Musik solle sich stärker an den Werten der Gesellschaft orientieren. Schließlich sei es angebracht, »die Pressefreiheit auf Einrichtungen zu beschränken, deren Botschaft mit den gesellschaftlichen Werten und der öffentlichen Moral übereinstimmt«.

Insgesamt hinterlässt das Programm der PFG nicht den Eindruck, als fühlten sich die Muslimbrüder ernsthaft ihrem Bekenntnis zum Pluralismus und zur demokratischen Zivilgesellschaft verpflichtet. Das Dokument spart keinen Lebensbereich aus, umfasst alle Aspekte des menschlichen Daseins und beschäftigt sich mit jeder Art menschlichen Tuns. Alles wird staatlich geregelt und beaufsichtigt, nichts bleibt der Wahl des Einzelnen überlassen. Von der Teilnahme an Kulturfestivals im Ausland über schnelle Internetverbindungen bis zur Veröffentlichung akademischer Journale – kein Detail bleibt unerwähnt. Ob in der Musik, der Kunst, im Film, im Theater, der Presse oder in den Medien – überall verlangt die islamistische Partei die »Selbstzensur des ägyptischen Bürgers«, dessen Freiheit sie an ihre Ideologie bindet.

Der Blick der Muslimbrüder auf Gesellschaft, Staat und die darin lebenden Menschen ist von einer irritierenden Totalität. Das erlaubt keinen Zweifel am Wesen des Staates, den sie errichten wollen.

Seit ihrer Gründung hat sich das strategische Ziel der Muslimbrüder nicht verändert: die komplette Umgestaltung der Gesellschaft gemäß islamistischen Vorstellungen. Zu diesem Zweck nutzt die Bruderschaft schon seit Jahren ein besonders wirksames Instrument: Sie unterwandert den öffentlichen Dienst. Künftig wird sie versuchen, auch die Armee und die Polizei zu infiltrieren. Seit der Revolution argumentiert die Bewegung, ihre Mitglieder dürften nicht länger daran gehindert werden, den Sicherheitskräften beizutreten. Das hat viel für sich. Schließlich kann heute ein Muslimbruder in Ägypten Premierminister werden. Da wäre es wohl kaum nachvollziehbar, ihn als Polizei- oder Armeeoffizier abzulehnen. Dennoch wird die Armeeführung das bis auf Weiteres zu blockieren wissen, da sie ohnehin darauf aus ist, den Muslimbrüdern nicht zu viel Macht im Staate zu übertragen. Doch es mag nur eine Frage von Jahren sein, bevor die Islamisten die Sicherheitsorgane unterwandern können. Und damit ihrem Ziel ein gehöriges Stück näher kämen. Einheimische Kenner des Landes wenden dagegen ein, es sei unwahrscheinlich oder gar unmöglich, dass es den Muslimbrüdern gelänge, Ägypten völlig umzukrempeln. Die Gesellschaft würde sich dagegen ganz sicher zur Wehr setzen. Es fragt sich, ob dies nicht zu optimistisch gedacht ist.

Islamistische Rivalen

APRIL/MAI 2012

Lange Jahre agierten die ägyptischen Muslimbrüder unter dem Motto »Partizipation ohne Dominanz«. Seinerzeit ging es darum, misstrauische Diktatoren davon zu überzeugen, dass die Teilnahme der Bruderschaft an Wahlen nicht zum Ziel hatte, einen Machtwechsel herbeizuführen. Nach der Revolution schien es, als hielten die Muslimbrüder an dieser Zurückhaltung fest, um jeden Eindruck zu vermeiden, sie wollten so schnell wie möglich die Kontrolle über das Land übernehmen. So versicherten die Führer der Bruderschaft über Monate, sie würden ihre Kandidaten bei den Parlamentswahlen nur bei einem Drittel der Sitze ins Rennen schicken. Auf das Amt des Staatspräsidenten wollten sie ganz verzichten. Damit sollten die Ängste der religiösen Minderheiten und nichtislamistischen Kräfte sowie die Befürchtungen des herrschenden Militärrates zerstreut, wie auch der Skepsis des Westens begegnet werden. Hinter dieser taktischen Linie steckte jedoch noch ein anderer Gedanke. Würden die Muslimbrüder in dieser Phase die Macht nicht mit anderen Parteien teilen, fiele ihnen auch die alleinige Verantwortung für alle politischen und ökonomischen Entscheidungen zu. Das aber läge nicht in ihrem Interesse. Angesichts der hohen Arbeitslosigkeit und der schleppenden Wirtschaftsentwicklung, nicht zuletzt wegen der übersteigerten Erwartungen im Volk auf ein besseres Leben könnte die Bruderschaft nur an Ansehen und Glaubwürdigkeit verlieren.

Dennoch erlag ihre Führung im Herbst 2011 der Versuchung, den breiten Rückhalt in der Bevölkerung zu nutzen und das Parlament unter die Kontrolle der Bruderschaft zu bringen. Sie schob ihr Versprechen beiseite und beschloss, in fast allen Wahlkreisen Ägyptens zu kandidieren. Mit der bekannten Folge, dass die Muslimbrüder nahezu die Hälfte aller Abgeordnetenmandate gewannen. Das Misstrauen gegenüber den frommen Brüdern wuchs, weil auf ihr Wort offenbar kein Verlass war.

Nach dem Wahlsieg glaubte die Bruderschaft, sie könne ihre starke Position im Parlament dazu nutzen, die Militärjunta unter Druck zu setzen. Sie verlangte den Rücktritt des von den Generälen eingesetzten Kabinetts, weil dieses keine parlamentarische Mehrheit hinter sich habe. Dabei übersahen die Islamisten, dass sie selbst eine noch machtlose Volksversammlung kontrollierten. Denn nach der Übergangsverfassung, die der Militärrat geschrieben und mit Billigung der Muslimbrüder in einer Volksabstimmung im März 2011 mit großer Mehrheit hatte bestätigen lassen, ist das Parlament nicht befugt, eine Regierung zu entlassen. Alle Gesetze können zudem nur in Kraft treten, wenn der Militärrat ihnen zustimmt. Plötzlich erkannten die Muslimbrüder, dass sie den Generälen in die Falle gegangen waren. Denn sie hatten das Kleingedruckte in der Übergangsverfassung übersehen. Ihre parlamentarische Mehrheit war politisch wertlos, solange kein neues Grundgesetz galt, welches das Parlament zum entscheidenden Organ im neuen politischen System machte. Als ihnen bewusst wurde, dass das vor den Präsidentschaftswahlen kaum geschehen würde, begingen sie einen strategischen Fehler und nominierten einen eigenen Präsidentschaftskandidaten. Damit brachen sie ihr zweites Versprechen, was für die Bruderschaft schädliche Folgen haben könnte.

Benannt wurde mit Khairat El-Shater, ein Millionär und Business-Tycoon, der seit Langem der Chefstratege und Hauptfinanzier der Organisation war. Zuvor waren die Gespräche zwischen den Muslimbrüdern und den Generälen über einen dem Militär zugeneigten »Konsenskandidaten«, der die Privilegien der Armee sichern sollte, offenbar gescheitert. Es dauerte nicht lange, da wurde El-Shater zusammen mit neun anderen Aspiranten von der Hohen Wahlkommission disqualifiziert, weil er unter Mubarak in einem politischen Prozess wegen Geldwäsche und anderen Vergehen zu einer Haftstrafe verurteilt worden war.

Die Entscheidung der Wahlkommission ist unwiderruflich. Damit war der einflussreichste und mächtigste Mann in der Führungsriege der Bruderschaft aus dem Rennen. El-Shater ist den Generälen nicht genehm, weil er ihre Machtbefugnisse beschneiden will.

Während El-Shater eine ausgeprägt konservative Haltung einnimmt, präsentiert sich sein alter Gegenspieler Aboul Fotouh als gemäßigter Islamist. Beide haben für ihre Überzeugung unter Mubarak viele Jahre im Gefängnis verbracht. Der eine, El-Shater, ist Vater von zehn Kindern, Ingenieur und Lenker eines Firmenimperiums. Er gilt als pragmatisch, aber prinzipientreu. Das Verlangen junger Mitglieder, in einer freien Gesellschaft solle es die Bruderschaft jedem Einzelnen überlassen, wie er den Islam auf die Politik anwende, hat er ohne Zögern vom Tisch gewischt. Seit der Revolution hat er konsequent die traditionelle Position der Organisation durchgesetzt, dass jeder Muslimbruder der offiziellen Linie zu folgen hat oder aber gehen muss. Das Argument, ein Bruder müsse in einer Demokratie als Bürger das Recht haben, auch in einer anderen Partei aktiv zu sein als in der Partei der Bruderschaft, hat er barsch zurückgewiesen. Und damit viele junge Mitglieder vertrieben.

Sein Plädoyer für die Modernisierung der Bewegung ist nur im technischen Sinne zu verstehen. In einer Rede unmittelbar nach seiner Haftentlassung im Frühjahr 2011 in Alexandria hat er gesagt, die Bruderschaft solle sich aller »modernen« Mittel bedienen, die geeignet seien, um das »islamische Modell« in die Praxis umzusetzen.

Sein Bekenntnis zur Demokratie ist doppeldeutig und widersprüchlich. So schrieb er 2005 in einem Artikel für den britischen *Guardian* aus der Gefängniszelle heraus: »Die Bruderschaft glaubt, demokratische Reformen könnten eine Renaissance in Ägypten bewirken.«

Welche Renaissance meint er? Der Begriff der Wiedergeburt gehört in diesem Kontext jedenfalls zum islamistischen Vokabular. Da liegt der Schluss nahe, demokratische Reformen dienten ihm als Mittel zum Zweck der »islamischen Wiedergeburt«. Von demokratischer Willensbildung innerhalb der Bruderschaft will El-Shater gar nichts wissen. Das gilt auch für die »Partei für Freiheit und Gerechtigkeit«, die von der Bruderschaft nur gegründet wurde, weil sie andernfalls nicht bei den Wahlen hätte antreten dürfen. Die Partei wird von der Bewegung finanziert und kontrolliert. Sie ist keine eigenständige, demokratisch aufgebaute Partei. Diese Konstruktion, so beklagen junge Dissidenten, stelle das demokratisch gewählte Parlament de facto unter die Kontrolle der undemokratischen Bruderschaft.

El-Shater, der starke Mann der Bruderschaft, spricht gerne davon, dass die neue Ordnung nicht nur demokratisch, sondern auch pluralistisch sein solle. Doch nach dem Sieg der Islamisten bei den später vom Verfassungsgericht annullierten Parlamentswahlen scheint er sich daran nicht mehr zu erinnern. In einem seiner seltenen Fernsehinterviews betont er, jetzt sei klar, dass die Menschen ausdrücklich einen *Islamischen Staat* forderten, und fügt hinzu: »Im Licht dieses deutlich gewordenen Volkswillens sollten alle Institutionen ihre Kultur, ihre

Trainingsprogramme und die Art und Weise, wie sie die einzelnen Menschen formen, überprüfen.«

Wenn im politischen Alltag Differenzen aufträten bei der Frage, wie die islamische Lehre im öffentlichen Leben anzuwenden sei, dann solle der Disput demokratisch entschieden werden, empfiehlt El-Shater. Doch es lässt aufhorchen, wenn er verlangt, der Rahmen für die Auswahl zwischen verschiedenen Sachpolitiken solle nicht allein von Wirtschaftsexperten oder anderen Fachleuten gesetzt werden, sondern von qualifizierten Kennern des Islam, die sich auch auf dem jeweiligen Sachgebiet auskennen. In der Praxis, so meinen liberale Kritiker, bedeute diese Herangehensweise, dass der Führungsrat der Bruderschaft die Aufsicht über die nächste Regierung Ägyptens übernehmen wolle. Das würde Khairat El-Shater, die dominierende Figur in diesem Gremium, zu einem der mächtigsten Männer im neuen Ägypten machen. Auch ohne Staatsamt.

El-Shaters Gegenspieler Aboul Fotouh ist Kinderarzt und gilt als Symbolfigur für den liberalen Flügel der Bruderschaft, obwohl er formal nicht mehr dazugehört. Er ist ein Mann mit Charisma, der Präsident werden will und in seinem Wahlkampf überraschend von den ultrakonservativen Salafisten unterstützt wird, obwohl diese seine progressiven Ansichten nicht teilen. Bis 2009 gehörte Aboul Fotouh zum Exekutivrat der Muslimbruderschaft, dann musste er dort auf Betreiben von El-Shater seinen Platz räumen. Aboul Fotouh ist ein unorthodoxer Islamist mit erstaunlich fortschrittlichen Ideen. Im Jahr der Revolution versicherte er, ein Muslim habe das Recht, zum Christentum überzutreten. Das ist in den Augen konservativer Sunniten eine unhaltbare Position; die meisten sunnitischen Rechtsgelehrten sind der Ansicht, dass die Aufgabe des islamischen Glaubens als

Ketzerei mit dem Tode zu bestrafen sei. Doch das hindert Aboul Fotouh nicht daran, solch kontroverse Positionen zu vertreten. An Mut hat es ihm nie gefehlt. Als Studentenfunktionär scheute er sich nicht, bei einer Veranstaltung in der Universität Kairo in den Siebzigerjahren den damaligen Präsidenten Anwar al-Sadat öffentlich wegen der Unterdrückung der Muslimbrüder zu kritisieren. An dem Tag, als der Aufstand auf dem Tahrir-Platz begann, schloss sich Aboul Fotouh den Demonstranten an; später half er dabei, »Feldlazarette« für die verletzten Protestler einzurichten.

Aboul Fotouh setzt sich für die Rechte der Frauen ein; er ist für gleichberechtigte Beziehungen zwischen Christen und Muslimen und fordert einen gesetzlich verankerten Minderheitenschutz. Bei vielen jungen Muslimbrüdern ist der »Reformer« populär. Sie scheint es nicht zu stören, dass Aboul Fotouh seine ehemaligen Führungskollegen öffentlich ermahnt, die Bruderschaft müsse rechtlich wie alle anderen gemeinnützigen Vereinigungen behandelt werden und sich staatlich registrieren lassen, um die Aktivitäten der Organisation transparent und nachvollziehbar zu machen. Die Muslimbruderschaft betrachtet das als Drohung. Wenn sie ihre Finanzen und sonstigen Unternehmungen offenlegen muss, könnte die Bewegung gezwungen sein, die politische Partei vom Wohltätigkeitsbereich und den religiösen Aktivitäten zu trennen. Das würde die Partei in Geldnöte bringen und vor allem die Kontrolle des Führungsgremiums über sie vermindern.

Aboul Fotouh, der von vielen ehemaligen Muslimbrüdern, aber auch von jungen Liberalen und Teilen der revolutionären Jugend unterstützt wird, sieht sich als Brücke zwischen den unterschiedlichen Überzeugungen. Ali El-Bahnasawy, der 30-jährige Medienberater des reformfreundlichen Islamisten, sagt dazu: »Wir brauchen jemanden, der die Sprache der Islamisten spricht und gleichzeitig mit den Liberalen redet und auch ihr Vertrauen gewinnt.« Rabab El-Mahdi, eine marxistische Professorin für politische Wissenschaften, ist eine der engsten Beraterinnen von Aboul Fotouh. Für sie geht es darum, den tiefen Graben zwischen Islamisten und Säkularen zu überbrücken, um sich den drängenden Problemen zu widmen, die das Leben der Menschen in Ägypten bestimmen.

Der »Reformer« warnt vor der Gefahr, religiöses Engagement mit Parteipolitik zu vermischen. Die Muslimbruderschaft könne sich durchaus politisch artikulieren, aber den Kampf um die Macht sollte sie den politischen Parteien überlassen. »Religion und politische Macht in eine Hand zu legen, ist sehr gefährlich. Das ist im Iran geschehen.«

Der Kandidat verspricht in seiner Wahlplattform, eine Frau oder einen koptischen Christen als Vizepräsidenten zu benennen. Im April 2012 sagt er bei einer Veranstaltung in Imbaba, einem armen Viertel von Kairo, auf Fragen nach der Bedeutung des islamischen Rechts:

»Ägypten ist seit 15 Jahrhunderten stolz auf seine islamische und arabische Identität. Warten wir wirklich darauf, dass uns das Parlament zum Glauben bekehrt?« In seinem Programm schreibt er: »Die Ägypter brauchen keine Regierung, die ihnen beibringt, wie sie sich verhalten müssen, um fromm zu sein.« Und: »Einen Schleierzwang lehnen wir ab.«

Dennoch bleibt Aboul Fotouh, wie er selbst betont, ein Islamist. Auch wenn er viel liberaler ist als sein Gegenspieler El-Shater. Deshalb spricht sich der »Reformer« auch für die Anwendung der Scharia aus. Allerdings formuliert er einen ausdrücklichen Vorbehalt: »Das richtige Verständnis für die Anwendung des islamischen

Rechts bezieht sich nicht auf die Verhängung der ›Hudud-Strafen‹, etwa das Abschneiden der Hände bei Dieben, so wie manche Leute denken. In seiner eigentlichen und umfassenden Bedeutung ist das islamische Recht vielmehr darauf gerichtet, die essenziellen und drängenden Bedürfnisse der Menschheit zu begreifen.« Konkret nennt Aboul Fotouh den Kampf gegen die Armut und die Beseitigung der Korruption als zwei grundlegende Bestandteile des angewandten islamischen Rechts.

Erstaunlich ist die taktische Unterstützung des »Reformers« durch die Salafisten. Schließlich liegt Aboul Fotouh nicht auf ihrer ideologischen und religiösen Linie. Die Entscheidung fiel nach monatelangen Verhandlungen und intensiven internen Diskussionen.[23] Das Bündnis ist rein politischer Natur und gründet sich auf zeitlich begrenzte wechselseitige Interessen, hat aber nichts mit religiösen Fragen zu tun. Hauptziel der Zusammenarbeit ist es, ein Gegengewicht zur Muslimbruderschaft zu schaffen. Die Salafisten sind davon überzeugt, dass die Muslimbrüder ein politisches Monopol über alle Institutionen in Ägypten anstreben. Deren Kandidaten zu unterstützen, würde bedeuten, die Muslimbrüder auf Kosten ihrer eigenen, aufstrebenden Bewegung zu stärken. Obwohl viele salafistische Führer besorgt sind über die liberalen Neigungen von Aboul Fotouh, sahen sie nach reiflicher Überlegung keine andere Wahl, als seine Karte zu spielen. Nach der Disqualifikation ihres eigenen populären Kandidaten fürchteten sie zudem eine Aufsplitterung des Wahlverhaltens der eigenen Basis, verbunden mit einer Schwächung ihrer Organisationsstruktur. Gemäß der Kosten-Nutzen-Rechnung, die die Salafisten angestellt haben, profitieren beide Seiten. Aboul Fotouh bekommt die politische, organisatorische und soziale Unterstützung der Salafisten vor allem in den ländlichen

Gebieten Ägyptens, wo nur schwer Einfluss zu gewinnen ist. Die Salafisten ihrerseits erhalten einen Präsidenten, der ihnen freundlich gesinnt ist und ihre Stimme in der großen Politik berücksichtigt.

Glaubt man Nadar Bakar, einem jungen Führer der Salafisten, dann hat die Religion bei der Entscheidung für Aboul Fotouh fast keine Rolle gespielt. Er sagt ungeschminkt: »Wir haben einen Präsidenten gesucht, der als politischer Manager seine Aufgabe erfüllt, aber keinen islamischen Kalifen.« Mit anderen Worten, den Salafisten geht es darum, ihr politisches Profil zu entwickeln, indem sie versuchen, die politische Entwicklung in Ägypten mit zu beeinflussen. Zu diesem Zweck schieben sie ihre ultrakonservativen Positionen in opportunistischer Manier zunächst einmal beiseite, um sie wieder ins Zentrum zu rücken, wenn ihre Rechnung aufgeht.

Auch den ägyptischen Medien erschien es bemerkenswert, wie demokratisch die Salafisten den Beschluss zugunsten des »liberalen« Aboul Fotouh getroffen haben – da sie doch bisher nicht gerade für ihre demokratischen Neigungen bekannt sind. In einem sauberen und transparenten Verfahren wurden in den Entscheidungsgremien interne Abstimmungen durchgeführt. Dabei konnten sich die Mitglieder zwischen verschiedenen islamistischen Kandidaten frei entscheiden. Mit der Hinwendung zur inneren Demokratie, und dies in einer strategisch wichtigen Frage, haben die Salafisten die autoritär agierende Führung der Muslimbrüder vorgeführt. Deren Image als vorbildhafte islamistische Bewegung ist angekratzt und die politische Autorität innerhalb des islamistischen Lagers beschädigt. Die Salafisten wiederum haben gezeigt, über welch ein hochentwickeltes Gespür sie auf dem politischen Parkett schon verfügen. Da es der »islamistische Reformer« Aboul Fotouh aber am Ende nicht schaffte, zum ägyptischen Präsidenten gewählt zu werden, bleibt abzuwarten, wie sich das Verhältnis der Salafisten zu einem Mann wie ihm künftig gestalten wird.

Die Spaltung der Islamisten reicht in ihrer Bedeutung weit über den Ausgang von Präsidentschaftswahlen hinaus. Was intellektuelle Islamisten wie Ibrahim el-Houdaiby vorausgesagt haben, ist eingetroffen. Die islamistische Szene in Ägypten fächert sich auf, und die verschiedenen Strömungen ringen miteinander um politische Macht. Sie agieren als Rivalen, nicht als Brüder im Geiste.

Wenn sich die Nebel über den Niederungen des Nil lichten und die neue Verfassung die Ordnung zwischen den Staatsgewalten festschreibt, müssen die Islamisten zumindest mitregieren. Die ökonomischen und sozialen Probleme Ägyptens sind so gewaltig, dass schnelle Lösungen einem Wunder gleichkämen, welches auch Islamisten nicht vollbringen können. Wer wirtschaftlichen Aufschwung schaffen will, braucht politischen und gesellschaftlichen Frieden. Der ist nur herzustellen, wenn die Islamisten keine Gesinnungsdiktatur der Mehrheit einführen. Aus pragmatischen Gründen werden sie sich über kurz oder lang mit den liberal-bürgerlichen und den linksorientierten, säkularen Kräften an einen Tisch setzen müssen. Das bedeutet, sie werden Abstriche von ihrer reinen Lehre machen müssen, um eine Koalition der nationalen Einheit formen zu können.

Das verlangen auch die kleineren Reformparteien, die von ehemaligen Muslimbrüdern gegründet wurden. Sie vertreten teilweise den Standpunkt, dass der Islam nur ein Element darstellt innerhalb der Vielfalt kultureller Identitäten in der heutigen ägyptischen Gesellschaft. Zwar haben diese Gruppen bei den im Juni 2012 annullierten Parlamentswahlen noch keinen Erfolg erzielt.

Aber ihre Existenz beeinflusst den politischen Übergangsprozess, in dem sich Ägypten befindet.[24] Sie wirken in eine Generation islamistischer Aktivisten und gebildeter junger Leute aus dem Mittelstand hinein, deren Erwartungen auf dem Gebiet des soziokulturellen Fortschritts die Partei der Muslimbrüder mit ihrem Angebot nicht erfüllen kann. Vielmehr sehen sie sich mitten in einem Prozess, in dem ein neuartiger islamistischer Diskurs über gutes Regierungshandeln, Demokratie und wirtschaftliche Entwicklung Gestalt annimmt. Die Reformer tragen so dazu bei, die Polarisierung zwischen Islamisten und säkularen Kräften abzubauen. Das ermöglicht die Entfaltung einer Parteipolitik, die sich an politischen Inhalten orientiert und nicht mehr allein auf der religiösen Identität beruht.

Die jungen Aktivisten vom Tahrir-Platz, die Muslimbrüder und die Generäle

Die Revolutionäre, die jungen Aktivisten, die den Tahrir-Platz im Zentrum Kairos zum Symbol und zur Plattform im Freiheitskampf gemacht haben, sind sie tatsächlich inzwischen marginalisiert?

Das stillschweigende Einverständnis zwischen den Muslimbrüdern und dem Militärrat im Frühjahr 2011, noch vor der Verabschiedung einer neuen Verfassung Parlamentswahlen abzuhalten, vermittelte den Eindruck, die Tahrir-Gruppen seien an den Rand gedrängt. Das schien die vermutete Absprache über ein Geschäft auf Gegenseitigkeit zu bestätigen: Nämlich das Parlament in die Hand der Bruderschaft zu geben und den neuen Präsidenten zum Mann der Generäle zu machen.

In Wahrheit verleitete der Deal die Muslimbrüder zu einer Reihe folgenreicher Fehler. Zunächst warben sie im März 2011 begeistert für eine Volksabstimmung über acht Zusätze der geltenden Verfassung. Sie taten das, weil sie meinten, ein Ja zu dem Dokument bedeutete den schnellsten und sichersten Weg zu einer zivilen Machtübernahme. Ein demokratisches Parlament würde gewählt, welches alsbald einen Verfassungsrat berufen werde. Im Vertrauen auf ihren sicheren Wahlsieg sahen sich die Muslimbrüder schnell an der Macht und glaubten, sie könnten den Inhalt der neuen Verfassung nach ihrem Gusto bestimmen. Ihre Fixierung auf die Wahlen, gepaart mit ihrem Machthunger brachte sie dazu, ihre Beziehungen zu den Revolutionären des Tahrir-Platzes abzubrechen. Letztere strömten nur einige Tage vor den Wahlen auf die Straßen, um gegen das brutale und blutige Vorgehen der Polizei und des Militärs bei einer vorangegangenen Demonstration zu protestieren. Die Führung der Muslimbrüder weigerte sich, an den Protesten teilzunehmen. Ihre Begründung lautete: Nur ein gewähltes Parlament könnte die Forderungen des Volkes erfüllen. Das kam einer endgültigen Absage an öffentliche Protestaktionen gleich, was zwar dem Willen der protestmüden »Sofa-Partei«, also der schweigenden Mehrheit der Bevölkerung, entsprach, aber nicht im objektiven Interesse der Muslimbrüder lag. Denn schon zu diesem Zeitpunkt hätten die Brüder wissen müssen, dass sie im Falle eines Scheiterns ihrer Absprache mit dem Militärrat gegen die Generäle nichts in der Hand haben, um ihre politischen Interessen durchzusetzen.

Das repressive und höchst brutale Verhalten der herrschenden Generäle gegen die opponierende revolutionäre Jugend seit dem Sturz Mubaraks hätte den Muslimbrüdern eine Warnung sein müssen. Das »Aktionsbündnis« mit den Tahrir-Gruppen zur Unzeit zu kündigen, bedeutete, sich dem Gutdünken der Junta auszuliefern. Einzig die Wahl der Mitglieder der verfassunggebenden Versammlung war in die ausschließliche Kompetenz des neuen Parlamentes gestellt. Als die Islamisten im Parlament ihre eigenen Leute im Verfassungsrat mit nahezu einer Zweidrittelmehrheit ausstatteten, war das eine goldene Gelegenheit für die Generäle zu intervenieren. Prompt entschieden die Gerichte, die Wahl sei unausgewogen gewesen und der Verfassungsrat deshalb aufzulösen.

Nun stehen die Muslimbrüder staatspolitisch ganz mit leeren Händen da. Zu allem Überfluss sind ihre Beziehungen zu den revolutionären Kräften auf nachhaltige Weise beschädigt. Sich selbst haben die Muslimbrüder durch ihr Verhalten in ein Licht gesetzt, das sie als reaktionäre Bewegung erscheinen lässt. Als eine Organisation, die eher an geheimen Absprachen mit den Generälen über die Aufteilung der Macht interessiert ist, als ihr Gewicht dafür einzusetzen, in Ägypten einen echten Übergang zu demokratischer Herrschaft zu bewerkstelligen.

Die jungen Aktivisten indes werden noch gebraucht. Wie tief greifend sich die Muslimbrüder geirrt haben, beginnen sie erst jetzt zu begreifen. Wenn nämlich ihr Kampf gegen das militärische Establishment erfolgreich sein soll, müssen sie ihn in eine Schlacht der Revolution gegen die Junta verwandeln. Dafür aber benötigen sie die massenhafte Unterstützung der Tahrir-Revolutionäre.[25]

Die revolutionären Gruppen sind es, die die Verwundbarkeit des Militärrates begriffen und sichtbar gemacht haben. Bisher haben sie daraus politisch zwar kein Kapital schlagen können. Und viele Ägypter, die eine Rückkehr zu Ruhe und Ordnung herbeisehnen, sehen sie als potenzielle »Unruhestifter«. Dennoch wäre es falsch, sie schon abzuschreiben. Ohne Zweifel hat es der Bewegung Auftrieb gegeben, dass die meisten großen Zugeständnisse der Militärjunta dem Druck zu verdanken sind, der durch die Massenproteste erzeugt wurde. Das gilt auch für die Konfrontationen am Jahresende 2011. Schließlich war es die Protestbewegung, die die Junta dazu gezwungen hat, die Machtübergabe an eine zivile Regierung zu beschleunigen und auf den Juli 2012 festzulegen. Weder die Muslimbrüder noch andere etablierte Parteien hatten das erreichen können – trotz wochenlanger Verhandlungen mit den Generälen.

Sicher haben die revolutionären Gruppen für ihre Erfolge einen hohen Preis bezahlt: jeweils Dutzende von Toten und Tausende von Verletzten – darunter viele, die für den Rest ihres Lebens versehrt sind. Doch scheinen diese Opfer die Moral der Revolutionäre nicht gebrochen zu haben. Der erste Jahrestag des Aufstandes vom 25. Januar 2012, an dem sich Hunderttausende von Ägyptern auf dem Tahrir-Platz friedlich versammelten, gab der Protestbewegung neuen Auftrieb. Die scharfe Warnung der Junta, die Aktionen der Demonstranten würden Ägypten in ein tiefes Chaos stürzen, ging ins Leere. Die Revolutionäre haben dazugelernt, sie sind reifer geworden. Auch wenn es ihnen noch an innerem Zusammenhalt und einer klaren Strategie mangelt, verfügen sie doch unverändert über einen unverhältnismäßig großen Einfluss auf den politischen Diskurs im Lande.[26]

Die Republik der Generäle und ihr tiefer Staat

Von der Armee und ihrer bestimmenden Rolle im Lande war schon mehrfach die Rede.

Doch offenbar hat die Armeespitze nicht nur Probleme mit den Revolutionären und den Muslimbrüdern, sondern auch mit den eigenen Offizieren. Das zeigt schlaglichtartig ein Vorfall, von dem Marwa Awad in der Zeitung *The Daily Star* berichtet hat:

»An einem warmen Oktobermorgen 2011 verweigerten ungefähr 500 ägyptische Offiziere des Institutes für Luftverteidigung am Rande von Alexandria kurzzeitig den Gehorsam. Wie ein Oberstleutnant berichtet, waren die Männer verärgert über die Disziplinarstrafe, die einer ihrer Kameraden von seinen Vorgesetzten erhalten hatte. Zunächst ließen sie das tägliche Übungsprogramm ausfallen. Dann verlangten sie ein Treffen mit Feldmarschall Tantawi, dem Oberbefehlshaber der Streitkräfte, oder mit seinem Stellvertreter. Sie wollten die Kommandeure treffen, um eine bessere Behandlung einzufordern. ›Ihr Gedanke war: Ägypten steckt in einer Revolution und auch wir haben unsere Forderungen‹, sagte der Oberstleutnant, der direkte Kenntnis von dem Protest besitzt.

Die Minirevolte, die bis jetzt nicht bekannt war, dauerte mehrere Tage und wurde von drei weiteren Offizieren in der Einheit bestätigt. Der Volksaufstand vom 25. Januar 2011, der Hosni Mubarak zu Fall brachte, wurzelte auch in dem tiefen Graben zwischen Reich und Arm im Lande und in dem Verlangen, endlich einen Führer loszuwerden, der kurz davor stand, das vierte Jahrzehnt seiner Herrschaft zu beginnen. Der Wohlstand in Ägypten wird von einer kleinen, oft uniformierten Elite kontrolliert. Für die meisten Ägypter war Mubarak, der ehemalige Karriereoffizier in der Luftwaffe, das Symbol und zugleich die Ursache für diese Ungleichheiten. Wie im Land, so in den Kasernen. In den letzten sechs Monaten haben mehr als ein Dutzend aktive oder seit Kurzem pensionierte Offiziere der mittleren und unteren Ränge erklärt, die Revolution sei auch ihre Chance. Sie wollten besser behandelt werden; ihre Kameraden und sie hätten einen höheren Sold, eine qualifiziertere Ausbildung und insgesamt bessere Grundbedingungen verdient. Sie seien es müde, sagten sie, dass einige Spitzenoffiziere reich würden, während die große Mehrheit der Offiziere und Soldaten arg zu kämpfen hätte.

›Und in der Tat‹, sagt ein Major, ›Angehörige des Militärs müssen sich ebenso wie der Rest der Ägypter kräftig zur Decke strecken. In der Armee wie in der zivilen Gesellschaft konzentriert sich der Wohlstand ganz oben. Dort bleibt er, nichts davon gelangt nach unten. Bevor der Tresor sich öffnet, musst du einen besonderen Rang erreicht haben.‹

Tantawi, sein Stabschef Sami Anan und andere hohe Kommandeure sind spätestens seit der Minirevolte in Alexandria darum bemüht, die Unzufriedenheit der Offiziere einzudämmen. Sie treffen sich regelmäßig mit bestimmten Einheiten, um die Moral der Truppe aufzurichten. Sie versichern den Soldaten, ihre Gehälter würden erhöht und ihren Sorgen abgeholfen. Das berichten Offiziere, die bei den Unterredungen anwesend waren. Das scheint die aufgebrachten Offiziere vorerst besänftigt zu haben. Sie bestehen zwar auf substanziellen Verbesserungen, wollen aber ihre Forderungen so lange zurückhalten, bis der Militärrat die Macht an eine zivile Regierung übergibt.

Ein Oberst begründet diese Haltung so: ›Wir sind moralisch verpflichtet, standhaft zu bleiben und den Übergangsprozess zu unterstützen. Doch wenn wir in unsere

Kasernen zurückkehren, müssen die Kommandeure unsere Forderungen erfüllen.‹«[27]

Der hier beschriebene Zustand innerer Unzufriedenheit in bestimmten Offizierskreisen mag ein Grund zur Sorge für die Generalität sein. Doch in diesen Zeiten des Umbruchs richtet sich das Augenmerk der Armeespitze besonders auf den Erhalt der Sonderrolle der Streitkräfte. Erst wenn das ungeheure Ausmaß der Verflechtung des Militärs mit Staat, Wirtschaft und Gesellschaft in seinen tatsächlichen Auswirkungen erkennbar ist, dringt das gigantische Problem in das Bewusstsein des Betrachters.

Normalerweise leben Pensionäre in den Tag hinein, ohne ihr Augenmerk auf einen vollen Terminkalender zu richten. Nicht so in Ägypten, wenn der Ruheständler zur Militärkaste gehört. Ein hoher Offizier geht in Pension, um sogleich Gouverneur einer ägyptischen Provinz, Verwaltungschef einer Stadt oder Vorsitzender eines Großstadtviertels zu werden.

Doch er mag auch eine Fabrik als Manager übernehmen, einen Staatsbetrieb leiten oder eine Firma unter seinen Befehl stellen, die der Armee gehört. Vielleicht kann er sogar einen Seehafen oder eine große Ölfirma managen. Finanziell ist er erheblich besser gestellt als jeder andere Ägypter, der vor seinem Ausscheiden im Staatsdienst gearbeitet hat. Der Offizier behält seine Pension und bekommt zusätzlich das beträchtliche Gehalt für seine zivile Führungsaufgabe. Ohne Übertreibung kann man sagen, dass diese privilegierte Gruppe nahezu jede hohe Position im Staat einnimmt. Mit anderen Worten, Ägypten ist eine Republik der Generäle a. D.[28]

Die Übernahme ziviler Posten durch Militärs geht historisch auf Gamal Abdel Nasser zurück, der sich 1952 mit den »Freien Offizieren« unblutig an die Macht putschte. Nasser etablierte ein sozioökonomisches System, das dem Militär die Aufsicht über Kernbereiche der Wirtschaft und der öffentlichen Verwaltung übertrug. Im Laufe der Jahrzehnte schwankte der Einfluss der Generäle, blieb aber immer beträchtlich. Als Gamal Mubarak sich schließlich intensiv darauf vorbereitete, die Macht von seinem Vater zu übernehmen, begann er, die Militärkaste mehr und mehr beiseitezuschieben. Der Militärrat wiederum hat seine Herrschaft seit der Revolution extensiv dazu genutzt, die Zahl der pensionierten Offiziere auf den verschiedensten zivilen Positionen außerordentlich zu steigern. Interessanterweise gibt es für die Einstellung von Offizieren auf ziviler Ebene keine gesetzliche Grundlage im Militärrecht. Die Besetzung dieser einflussreichen Stellen geschieht formlos, quasi aus der exekutiven Machtfülle heraus.

Auch hohe Offiziere erhalten staatliche Pensionen von umgerechnet nur 400 oder 500 US-Dollar – zu wenig, um damit die steigenden Lebenshaltungskosten in Ägypten zu bestreiten. Deshalb bietet die Armeespitze den pensionierten Kameraden gut dotierte zivile Tätigkeiten an, um die unbefriedigenden Pensionen aufzustocken. Wer einen solchen Job annimmt, erhält einen Crashkurs in Management und Business Administration. Die Kurse finden in staatlichen Ausbildungszentren statt und dauern bis zu einigen Wochen.

Die Offiziere sind vorwiegend in Unternehmen zu finden, die zum öffentlichen Sektor zählen; dazu gehören chemische Betriebe, Zementfabriken, Baufirmen und Nahrungsmittelhersteller. Generäle a. D. übernehmen entweder Spitzenpositionen in der Bürokratie oder im Management der Betriebe, die sich im Staatseigentum befinden. Der Ölsektor ist verstaatlicht und gilt als Dorado pensionierter Generäle. Sie führen viele der Öl- und Gasfirmen, sind aber auch bei den Transportunternehmen gut vertreten. Der Chef des Suezkanals ist ein ehemaliger Generalstabschef. Die Häfen am Roten Meer werden von Generälen geführt ebenso wie die Gesellschaft für See- und Landtransporte. Der Assistent des Gesundheitsministers für Finanz- und Verwaltungsangelegenheiten ist ein General a. D.; Dutzende von Generälen finden sich zudem im Umweltministerium. Der Vorsitzende des obersten Verfassungsgerichts war ursprünglich ein Armeeoffizier, der zuvor als Militärrichter gedient hatte. Dieser Mann, Faruq Sultan, ist gleichzeitig Leiter der obersten Wahlkommission für die Präsidentschaftswahlen. Selbst an der Spitze der Aufsichtsbehörden, die die staatliche Verwaltung überprüfen, sitzen pensionierte Offiziere.

Seitdem Präsident Mubarak sich in den Neunzigerjahren dazu entschloss, zahlreiche Staatsbetriebe zu privatisieren – sein Sohn Gamal beschleunigte diesen Prozess dann später noch –, wurden viele Unternehmen, die verwandte Geschäftsfelder aufwiesen, zu Holdings zusammengefasst. Das geschah in der Absicht, diese Konglomerate später an private Investoren zu veräußern. In nahezu jeder dieser Holdings und ihrer Tochterfirmen setzten sich Generäle an die Spitze. Dass die Junta nach der Revolution die Privatisierungspolitik der Mubaraks beendete, fand den besonderen Beifall der Generäle. Sie behalten nun die Kontrolle und brauchen die Konkurrenz privater Geschäftsleute, die die Unternehmen hätten kaufen können, nicht mehr zu fürchten. So lenken Generäle a. D. die Staatsholding im Wasser- und Abfallsektor und die ägyptische Tourismusbehörde. Auch die Nahrungsmittelindustrie und die Nationale Zement-Holding werden von pensionierten Offizieren geführt.[29]

Anders als die zivile Business-Elite in Ägypten, deren Repräsentanten normalerweise aus großbürgerlichen oder reichen Familien stammen, haben die Offiziersmanager keine homogene Herkunft. Die Generäle sind in der Regel ideologisch nicht festgelegt; es ist ihre Loyalität, die sie die Karriereleiter nach oben trägt. In der Nasser-Zeit waren sie zwangsläufig der sozialistischen Ideologie verbunden. Heute sind die Offiziersmanager weder sozialistisch noch neoliberal, sondern neutral. So werden sie als junge Offiziere in ihren Lehrgängen erzogen. Sie sollen politische Neutralität bewahren und nur eine Ideologie verinnerlichen, den ägyptischen Nationalismus. Die meisten der späteren Offiziersmanager haben in ihrem Berufsleben nur die Mehrung ihrer persönlichen Vorteile im Auge. Wer allerdings ganz oben landet und entsprechend gut vernetzt ist, der entwickelt manchmal auch politischen Ehrgeiz und wird Provinzgouverneur oder Kabinettsminister.

Die ägyptischen Streitkräfte aller Waffengattungen, einschließlich der paramilitärischen Einheiten, zählen mindestens 468 000 Mann. Sie sind die größte Militärmacht in der arabischen Welt. Doch mehr als die Hälfte der Soldaten sind Wehrpflichtige.

Der bestimmende Einfluss des Militärs reicht in Ägypten seit jeher weit über die Grenzen des angestammten Betätigungsfeldes hinaus. Die Schlüsselrolle hoher Offiziere in Staatsangelegenheiten und in der Wirtschaft gründet sich auf eine lange Tradition, die bis auf die Herrschaft von Mohamed Ali (1805–1848) in der ersten Hälfte des 19. Jahrhunderts zurückgeht. Als die »Freien Offiziere« 1952 mit König Faruk I. den letzten regierenden Nachfahren Mohamed Alis, des »Vaters des modernen Ägypten«, vom Thron stießen, machte Gamal Abdel Nasser die Armee einmal mehr zur staatstragenden Macht. Sechzig Jahre später betrachtet sich das Militär unverändert als die »einzige kompetente und tief in der Geschichte verwurzelte Institution« des ägyptischen Staates. Feldmarschall Tantawi, der Vorsitzende der Militärjunta, bezeichnet die Streitkräfte als Bollwerk gegen Chaos und Extremismus. Nach der Revolution sieht sich die Generalität umso mehr in der Pflicht, da allein die Armee die »Einheit der Nation« schützen und bewahren kann. Doch unabhängig von aktuellen Geschehnissen glaubt sich die Armeespitze aufgrund ihrer »staatserhaltenden Aufgaben« zu Recht mit Privilegien ausgestattet, die das hohe Offizierskorps vom Rest der Bevölkerung abhebt. Mit diesem Selbstbild gewappnet, präsentieren sich die Generäle guten Gewissens als Nutznießer besonderer ökonomischer Verhältnisse.

Mit dem Friedensvertrag zwischen Ägypten und Israel von 1979 begann für die ägyptischen Streitkräfte ein neues Zeitalter. Das Abkommen zwang sie, die Truppenstärke zu vermindern. Anstatt Hundertausende von Soldaten zu entlassen, gründete die Armee Fabriken, um die Männer anzustellen. Diese Unternehmen produzieren heute alles Mögliche – von scharfer Munition über Pfannen und Kochtöpfe bis zu Feuerlöschern und Besteck. Die Armee besitzt aber auch Banken, Landwirtschaftsbetriebe, Tankstellenketten, Wasseraufbereitungsanlagen, Touristikunternehmen und Importfirmen. Alle Betriebe, die zu hundert Prozent dem Militär gehören, sind von der Steuer befreit. Häufig wird der Mehrwert in diesen Firmen von Wehrpflichtigen erwirtschaftet, die mit einem Sold von umgerechnet 17 bis 28 US-Dollar im Monat abgespeist werden. Allerdings haben die Rekruten freie Kost und eine bescheidene medizinische Grundversorgung. »Ein Wehrpflichtiger geht eher zum Militär, um in einem Produktions- oder einem sonstigen

Geschäftsbetrieb zu arbeiten, doch weniger, um an der Waffe ausgebildet zu werden«, sagt Ahmed Naggar vom Al-Achram-Zentrum für Politische und Strategische Studien in Kairo.[30]

Die Streitkräfte genießen einen weiteren unschätzbaren Vorteil, unterstreicht Khalil Kandil, der Präsident der Kammer für die metallverarbeitende Industrie: »Wer fordert die Rückzahlung der aufgenommenen Kredite von den Armeebetrieben und wer begleicht ihre Energiekosten in der Produktion? Sie können jahrelang Verluste auf Kosten der Allgemeinheit machen.«[31]

Kein Wunder, dass Oppositionspolitiker verlangen, der Militärhaushalt und die wirtschaftlichen Verflechtungen der Armee müssten künftig offengelegt werden. Und zwar einschließlich der Eigentumstitel über Grund und Boden. Das lehnt die Generalität natürlich ab. Sie argumentiert, die Armee müsse in der neuen Verfassung vor der Instabilität des politischen Wandels geschützt werden. Der Wirtschaftsprofessor Zeinab Abul-Magd vom renommierten Oberlin College in den USA schätzt, dass die Streitkräfte ungefähr ein Drittel (!) der gesamten ägyptischen Wirtschaft kontrollieren. Die staatliche Landplanungsbehörde gibt an, die Armee verfüge de facto über alles Land, das ungenutzt sei. Das sind etwa 87 Prozent der ägyptischen Landmasse. Es würde Jahre dauern, ehe es gelänge, Wirtschaft und Verwaltung in Ägypten zu »entmilitarisieren«.

Aber davon wollen die Generäle nichts wissen. Sie halten dagegen, dass ihre Geschäfte dem Land von Nutzen seien. Mahmoud Nasr, Finanzsekretär des Junta-Chefs Tantawi, behauptet, Anfang 2011 habe die Armee dem ägyptischen Staat 12 Milliarden Pfund (annähernd 2 Milliarden US-Dollar) überwiesen. »Die Streitkräfte werden keinerlei Einmischung in ihre ökonomischen Aktivitäten dulden. Das ist eine Angelegenheit der nationalen Sicherheit«, bekräftigt er.[32]

Es ist offensichtlich, dass das Militär entschlossen ist, seine Position zu halten. Das Budgetrecht für den Militärhaushalt soll auf jeden Fall in der Kompetenz der Armee bleiben. Und das soll die neue Verfassung garantieren, daran hat General Mamdouh Shahine, der im Militärrat für Rechtsfragen zuständig ist, in der Öffentlichkeit keinen Zweifel gelassen.

Die Sonderrolle der Streitkräfte ist auf Dauer aber nur zu bewahren, wenn sich die privilegierten Generäle auf ihr Offizierskorps stützen können, vor allem auf die mittleren und unteren Ränge. Doch gerade in den unteren Offiziersrängen ist die Unzufriedenheit mittlerweile groß. Das liegt in erster Linie an der schlechten Bezahlung. »Die Armee ist die reichste Institution in Ägypten, dennoch fühlt sich eine große Gruppe von Offizieren benachteiligt«, betont ein pensionierter General in Kairo. Er führt aus: »Der Wohlstand konzentriert sich nur auf die hohen Offiziersränge. Es geht also um etwa 15 Prozent der Offiziere, die durch ein System von Patronage einander loyal verbunden sind.«

Eliteoffiziere verdienen zum Teil Millionen von US-Dollar. Darüber hinaus haben sie Zugang zu exklusiven Privatclubs und Beachresorts. Ein Offizier unteren oder mittleren Ranges bekommt nur rund 2500 Pfund (rund 420 US-Dollar) im Monat – ungefähr so viel, wie ein Taxifahrer in Kairo verdient. Allerdings erhöht sich der Sold in der aktiven Zeit um manche Zulagen. Dennoch bleibt der Abstand zu der überaus sanft gebetteten oberen Offizierskaste riesengroß.

Aber es gibt noch ein weiteres Problem, und das liegt in der schlechten Ausbildung vieler Soldaten. Für alle Welt sichtbar wurde dies während der Demonstrationen auf den Straßen Kairos. Unbeabsichtigt verletzten unerfahrene Soldaten zahlreiche Demonstranten, weil sie unfähig waren, ihre Panzer und die gepanzerten Mannschaftswagen sicher zu führen.

Die Vorwürfe kritischer Offiziere richten sich auch gegen die starre, zentralistische Kommandostruktur in der Armee. Doch konstruktive Verbesserungsvorschläge sind bei der Generalität nicht willkommen. Für Angehörige der ägyptischen Streitkräfte gilt die ungeschriebene Regel: »Halte dich von der Politik oder der organisierten Religion fern; stelle deinen Kommandeur nicht in den Schatten und mache dir keine Gedanken, wie man das System verbessern kann.«[33]

Muslimbrüder und andere religiöse Organisationen dürfen beim Militär nicht agitieren. Seit jeher gibt es ein engmaschiges Überwachungssystem, um zu verhindern, dass die Muslimbruderschaft die Armee infiltriert. Es erscheint indes fraglich, ob es den Generälen auch künftig gelingt, die Unzufriedenen ganz vor den Islamisten abzuschirmen.

Feldmarschall Tantawi, der Oberkommandierende und Chef der Junta, hat das Ausbildungsniveau in der Armee verteidigt. Nach dem Besuch eines Manövers im Januar 2012, bei dem Einheiten verschiedener Waffengattungen mitwirkten, lobte er die Ausbildungsmethoden, und ansonsten versprach er Gehaltserhöhungen. Die mangelnde Einsichtsfähigkeit bei der alten Garde hat einen einfachen Grund: »Wenn jemand so lange an den Hebeln der Macht sitzt, verliert er irgendwann die Fähigkeit, selbstkritisch zu denken«, sagt ein Major, der mit der Revolution sympathisiert.[34]

Werden die unzufriedenen Offiziere also versuchen, die Macht in der Armee zu übernehmen? Das halten Kenner der Verhältnisse nicht für wahrscheinlich. Dazu gehört auch der Oberstleutnant, der über den Vorfall bei der Luftwaffe in Alexandria berichtet hat: »Man darf nicht übersehen, dass die Armee zutiefst patriotisch ist. Viele der Mannschaften lehnen es ab zu rebellieren. Sie glauben, dass das Land auf sie angewiesen sei. Und sie sehen die Armee als die letzte intakte Institution im Staate. Gewiss, sie wollen eine Veränderung. Doch sie ziehen es vor zu warten, bis eine zivile Regierung gebildet ist.«[35]

Es ist bemerkenswert, wie tief das ägyptische Militär Politik, Wirtschaft und Verwaltung des Landes durchdringt. Solche Strukturen erlauben weder die Entwicklung einer wettbewerbsfähigen Wirtschaft noch den Aufbau einer freien Gesellschaft. Angesichts der rasant wachsenden Bevölkerung gibt es keine vernünftige Alternative zu einem durch strukturelle Reformen ermöglichten Wirtschaftswachstum. Nach Einschätzung internationaler Fachleute besitzt Ägypten das dafür notwendige Potenzial. Das kann sich jedoch nur dann entfalten, wenn sich der ägyptische Staat entmilitarisiert.

Jeder Politiker, der die exekutive Macht in seine zivilen Hände nimmt, sobald die erste Phase des politischen Übergangs abgeschlossen ist, hat ein drängendes Problem: die Wirtschaft. Sie muss angekurbelt werden, um Arbeitsplätze zu schaffen; nur so können Millionen hungriger Mäuler gestopft werden. Für das notwendige Wachstum braucht man Investitionen. Die fließen nur, wenn Stabilität und innerer Frieden im Land herrschen. Dieses Ziel ist nur erreichbar, wenn das Verhältnis zwischen der Armee und den zivilen Kräften der Gesellschaft geklärt ist. Dafür müssen die Streitkräfte, die Muslimbrüder, die anderen Islamisten, die säkularen Politiker und die revolutionären Tahrir-Gruppen einen Modus vivendi finden. Das ist ein steiniger Weg, weil die Akteure sich gegenseitig nicht trauen.

Der Konflikt zwischen dem Militärrat und der politischen Opposition liegt in einem großen Missverständnis begründet. Nach Annahme der Generäle ging es bei dem Aufstand gegen Präsident Mubarak angeblich um drei Kernpunkte. Die Protestbewegung wollte auf jeden Fall eine Familiendynastie des Mubarak-Clans vereiteln: Der Sohn sollte nicht dem Vater auf den Präsidentenstuhl folgen, ohne das Volk dazu zu befragen. Die schamlose Korruption einflussreicher Geschäftsleute, die mit der Familie Mubarak vernetzt waren, musste unterbunden werden. Und schließlich sollten die Exzesse der neoliberalen Wirtschaftspolitik, unter denen die Ägypter litten, ein Ende haben.

Als die Generäle Mubarak entmachtet hatten, glaubten sie tatsächlich, damit seien die Hauptziele der Revolution erfüllt. Sie irrten sich, weil sie ihre eigenen Gründe, die sie zum Eingreifen veranlassten, mit den Motiven der *Revolutionäre* gleichsetzten. Die Generäle betrachteten den Aufstand als auf ein Ereignis gerichtet, nämlich den Sturz des Präsidenten, nicht aber als einen Prozess, der die Umgestaltung des politischen Systems zum Ziel hatte. Emad Gad, Parlamentsabgeordneter für die sozialdemokratische Partei, erklärt das so: »Der Militärrat hat sein wichtigstes Ziel erreicht, indem er den Nachfolgeplan der Mubaraks vereitelte. Außerdem stellten die Generäle sicher, dass künftige Präsidenten nur noch zwei vierjährige Amtszeiten an der Macht bleiben konnten. Für sie war das genug. Deshalb sollte das Leben nun weitergehen.«[36]

Die Generäle hielten nichts davon, bestimmte Einrichtungen wie die Justiz, das Innenministerium oder andere Sicherheitsorgane zu säubern und zu reformieren. Ganz zu schweigen von den staatlichen Medien, deren Propagandapraktiken nach dem Willen der Demonstranten unterbunden werden sollten. Solche Forderungen betrachteten die Militärs als Bedrohung für die Funktionsfähigkeit der Staatsorgane. Schlimmer noch, als Teil einer Verschwörung, um Chaos zu verbreiten und den Staat zu unterminieren. Kein Wunder, dass die Generäle die Protestbewegung scharf kritisierten, als die Unruhen anhielten und sich nun gegen sie als neue Staatsautorität wendeten. Anstatt der Armee dankbar für die Entmachtung Mubaraks zu sein, verfolgten die Demonstranten und die politischen Parteien »engstirnige Eigeninteressen«, das Wohl der Nation als Ganzes ließen sie dagegen außer Acht. So beschwerte sich der Militärrat öffentlich und suchte auf diese Weise die breite Masse gegen die »Kräfte der Unordnung« aufzuwiegeln.

Offenbar war die Junta überzeugt, dass die Mehrheit der Ägypter zwar die Ziele der Revolution unterstützte, vor allem aber der Armee zutraute, die Übergangsphase zu lenken. Den Politikern und allen anderen Akteuren begegnete die Junta mit tiefem Misstrauen. Das ging so weit, dass die Militärs die Demonstranten und einige politische Akteure verdächtigten, sie handelten im Interesse ausländischer Mächte, die Ägypten schwächen wollten. Dieser wohlbekannten Methode arabischer Autokraten – die Opposition zu diskreditieren und die vaterländisch gesinnten Massen um sich selbst zu scharen – bediente sich die Junta mehrmals, um Kritik wegen der schlechten Sicherheitslage oder der lahmenden Wirtschaft abzuwehren. Doch scheinen ägyptische Sicherheitskreise tatsächlich seit Langem den Verdacht zu hegen, fremde Regierungen und besonders die USA seien tatsächlich darauf aus, den Staat zu schwächen.

Als das Weiße Haus im November 2011 nach einem blutig unterdrückten Protestaufmarsch mit Dutzenden von Toten die Junta öffentlich aufforderte, die Macht an eine zivile Regierung zu übergeben, sahen sich die Generäle in ihrem Misstrauen bestätigt. Ein pensionierter General kommentierte den Vorgang so: »Es gibt eine westliche Verschwörung gegen Ägypten, in die viele westliche Botschaften verwickelt sind. Die USA und Israel sind darauf aus, aus Ägypten einen weiteren gescheiterten Staat wie den Irak zu machen. Und auf diese Weise kann Israel dann fortfahren, die Region zu dominieren.« Ein Geschäftsmann mit engen Beziehungen zum Militärrat fügte hinzu: »Sie mögen denken, es handele sich bloß um einen Vorwand. Das ist es nicht. Es herrscht die weitverbreitete Überzeugung, dass Washington ein schwaches, geteiltes Ägypten wünscht – dass Amerika Ägypten dasselbe antun will wie dem Irak, allerdings mit nichtmilitärischen Mitteln.«[37]

Nach dem Selbstverständnis der Junta verkörpern die Streitkräfte in dieser Phase das Rückgrat der Nation. Brechen sie zusammen, so bedeutet dies das Ende Ägyptens. Diese Haltung scheint die mitunter erratischen und widersprüchlichen Entscheidungen des Militärrates zu erklären. So etwa im Fall der Razzien gegen amerikanische und europäische Nichtregierungsorganisationen im Dezember 2011, die illegaler Machenschaften beschuldigt wurden. Mit dieser Aktion riskierte die Armeespitze zeitweise die jährliche Militärhilfe von 1,3 Milliarden US-Dollar aus Washington und handelte damit objektiv gegen die eigenen Interessen.

Es ist nicht zu übersehen, dass die Junta dazu neigt, das Wohl Ägyptens und die Wahrung der materiellen Interessen der Militärkaste miteinander zu vermengen. Dennoch legen die Generäle keinen Wert darauf, auf längere Sicht im politischen Rampenlicht zu bleiben. Sie wollen Ägypten nicht regieren und die gewaltigen wirtschaftlichen und sozialen Probleme des Landes nicht lösen müssen. Doch ihre Rolle als Garant einer austarierten Verfassungsordnung mag die Armee nicht abgeben, ihre ökonomischen Privilegien nicht aufgeben oder mit ansehen müssen, wie alle politischen Institutionen in die Hand einer islamistischen Partei geraten. Das ursprüngliche Ziel der Armee war es, als »Aufseher« im Hintergrund des Geschehens zu bleiben und dennoch entscheidenden Einfluss auszuüben, wenn es um das Grundsätzliche bei den Staatsgeschäften geht. Doch ist dieses Ziel für den Militärrat noch erstrebenswert? Oder ist die Armeeführung inzwischen der Ansicht, ihren Interessen besser zu dienen, wenn sie ihre Macht bis auf Weiteres offen ausübt? Das Militär als unverzichtbarer Stabilitätsanker für die ägyptische Gesellschaft, die andernfalls im Chaos versinkt? Es mag sein, dass die Generäle dem Volk dieses Bild von sich vermitteln wollen.

Jedenfalls haben sie seit ihrer Machtübernahme alles getan, um den Übergang zu einer zivilen Ordnung zu erschweren. Die Islamisten und die säkularen Kräfte haben sie wechselseitig gegeneinander ausgespielt. Dadurch haben sie sich beide Seiten entfremdet. Und nun herrscht ein erhebliches Maß an politischer Unklarheit und allgemeiner Verunsicherung. Die Ägypter sind erschöpft, viele sehnen sich nach Stabilität und Sicherheit auf den Straßen, nach Normalität und wirtschaftlichem Aufschwung.

Nach der Revolution folgte eine turbulente und chaotische Phase des Übergangs bis zu den überwiegend korrekt verlaufenen Parlamentswahlen, die eindeutige Mehrheiten für die Islamisten ergaben. Das blieb jedoch politisch weitgehend ohne Folgen, weil der Militärrat der islamistischen Parlamentsmehrheit das Recht verwehrte, eine Regierung einzusetzen und sie politisch zu steuern.

Als nach der ersten Runde der Präsidentschaftswahlen im Mai 2012 ein Sieg des Kandidaten der Muslimbrüder in der Stichwahl im darauffolgenden Monat möglich erschien, zogen die Generäle noch vor der Entscheidung die Notbremse, ohne selbst in Erscheinung zu treten. Das ägyptische Verfassungsgericht gab einer seit geraumer Zeit anhängigen Anfechtungsklage statt und entschied, dass das frei gewählte Parlament aufgelöst werden müsse. Die obersten Richter begründeten ihren Beschluss damit, dass ein Drittel der Mandate »unrechtmäßig« vergeben worden sei. Die fraglichen Sitze waren ursprünglich für unabhängige Kandidaten reserviert gewesen, wurden dann aber von Vertretern politischer Parteien eingenommen. Das verstoße gegen den Grundsatz der Gleichstellung und sei verfassungswidrig. Viele dieser umstrittenen Parlamentsmandate hatten die Muslimbrüder gewonnen.

Die Auflösung des ägyptischen Unterhauses und die Übernahme der gesetzgeberischen Kompetenz durch den Militärrat beraubt die frommen Brüder und die Salafisten ihrer parlamentarischen Macht und stürzt das Land in eine neue Phase der Unsicherheit. Die Islamisten sind empört, sie fühlen sich um ihren Wahlsieg betrogen und sprechen von einem »Coup« und der »kompletten Missachtung des Wählerwillens«. Sie machen den Militärrat für diese »konspirative« Wende verantwortlich, ohne es offen auszusprechen. Sie sehen hier die auch in der Justiz noch wirkenden Kräfte des alten Regimes als die willigen Vollstrecker der Generäle am Werk. Denn der Präsident des Obersten Verfassungsgerichts, Farouk Zoltan, der früher selbst Militärrichter war, ist noch von Hosni Mubarak ernannt worden.

Die Präsidentschaftswahlen

JUNI/JULI 2012

Als der herrschende Militärrat versprach, die Macht am 1. Juli 2012 an einen frei gewählten Präsidenten zu übergeben, versicherten die Muslimbrüder, sie würden keinen eigenen Kandidaten für diese Wahl aufstellen. Doch einige Monate später verkündete die salafistische Al-Nour-Partei, sie werde einen Mann ihres Vertrauens ins Rennen schicken. Daraufhin ließen die Muslimbrüder ihre Zurückhaltung fallen und stellten gleich zwei Kandidaten auf. Der Favorit der Brüder, Khairat El-Shater, wurde per Gerichtsbeschluss disqualifiziert, genauso wie der Kandidat der Salafisten und einige andere Bewerber. Übrig blieb der Ersatzmann der Brüder, Mohammed Mursi, der Geschichte schreiben sollte. Der konservative Professor für Ingenieurswissenschaften ließ sich im Wahlkampf als »Kandidat Gottes« preisen und beschimpfte seinen schärfsten Rivalen, den ehemaligen Luftwaffenchef Ahmed Shafik, als Ungläubigen.

Wie bei den Parlamentswahlen instrumentalisierten die Muslimbrüder den Glauben der Ägypter und empfahlen den Armen und den gottesfürchtigen Analphabeten, den *Gottesmann* Mursi zu wählen, wenn sie in den Himmel kommen wollten. Mursi selbst trat als erzkonservativer Verfechter eines »Scharia-Staates« auf, um die rückwärtsgewandten Salafisten auf seine Seite zu ziehen. Im Übrigen präsentierte er sich als treuer Vasall seines Mentors El-Shater, des Strategiechefs der Muslimbrüder, der eigentlich selbst Präsident hatte werden wollen. In der politischen Mitte tummelten sich mehrere gemäßigte Kandidaten, die einmal gewählt, imstande gewesen wären, Brücken zwischen den äußerst polarisierten Lagern zu bauen. Dazu gehörten der Nasserist Hamdin Sabahi, der gemäßigte Islamist Aboul Fotouh und der ehemalige Generalsekretär der Arabischen Liga, Amr Moussa. Das führte letztendlich zu einer Aufsplitterung der Stimmen des gemäßigt-fortschrittlichen und säkularen Zentrums und begünstigte die beiden Aspiranten der Extreme: Mohammed Mursi und Ahmed Shafik, den Luftwaffenchef a.D. und letzten Premierminister der Ära Mubarak, der als Wunschkandidat der Generäle galt. Mursi bekam knapp unter 25 Prozent und Shafik 24 Prozent der gültigen Stimmen. Nur knapp 245 000 Stimmen trennten die beiden Kandidaten, die in die Stichwahl gekommen waren.

Es lohnt sich, einen Blick auf das Gesamtbild der Ergebnisse des ersten Wahlgangs zu werfen, in dem keiner der Bewerber die absolute Mehrheit erhielt. Wenn wir die fünf erfolgreichsten Kandidaten in Islamisten und Nichtislamisten aufteilen, so ergibt die einfache Rechnung, dass die zwei Religiösen nur etwa 43 Prozent der Stimmen auf sich vereinigen konnten, während die drei Säkularen insgesamt rund 56 Prozent der Stimmen erzielten. Das heißt, die Islamisten unterlagen im Wettstreit der politischen Lager deutlich. Bei den Parlamentswahlen im Januar 2012 hingegen errangen die Muslimbrüder alleine 47 Prozent der Parlamentssitze. Und dies bei einer Wahlbeteiligung von ungefähr 54 Prozent, also zehn Prozent mehr als bei der ersten Runde der Präsidentschaftswahlen. Umgerechnet auf die für die Partei der Brüder abgegebenen Stimmen macht das um die 13 Millionen. Diese Zahl stürzte bei der Präsidentenwahl ab auf 5,5 Millionen Stimmen. Selbst wenn man die Stimmen für den moderaten Islamisten Aboul Fotouh dazu zählt, kommt das islamistische Lager nur auf knapp 9,4 Millionen.[38]

Mit anderen Worten, kaum sechs Monate nach dem

islamistischen Wahltriumph im Januar hatten sich Millionen von Ägyptern schon wieder enttäuscht und ernüchtert von den Muslimbrüdern abgewandt. Die bedeutenden Einbußen der Brüder hängen nicht nur mit ihrer kläglichen Parlamentsarbeit zusammen, sondern auch mit ihrem anmaßenden Anspruch, die Politik in Ägypten ihrer Dominanz zu unterwerfen.

Etwas mehr als die Hälfte der Wahlberechtigten gaben schließlich bei der Stichwahl ihre Stimmen ab. Über 800 000 Ägypter und Ägypterinnen warfen ungültige Wahlzettel in die Urne, und sehr viele waren so frustriert, dass sie ganz zu Hause blieben. Für sie glich die Entscheidung zwischen Mursi und Shafik der Wahl zwischen Pest und Cholera. Sie hatten gehofft, die Revolution würde mehr hervorbringen als die Wahl zwischen einem Islamisten und einem Repräsentanten des alten Regimes.

Der Sieg von Mohammed Mursi war knapp. Er erhielt 51,7 Prozent, sein Gegner Ahmed Shafik 48,3 Prozent – in absoluten Zahlen eine Differenz von nur 900 000 Stimmen. Hier wird deutlich, dass sehr viele Ägypter den Muslimbrüdern unverändert misstrauen, wenn es um die Demokratie, die Rechte der Frauen und um die Stellung der christlichen Minderheit geht. Trotz der beschwichtigenden Rhetorik des neuen Präsidenten fürchten viele Christen die politische Macht der frommen Brüder. Mursi hatte nämlich in den Wochen vor der Stichwahl völlig andere Töne angeschlagen als noch im vorangegangenen Wahlkampf. Jetzt trat er als lupenreiner Demokrat auf, sprach von der rechtlichen Gleichstellung von Mann und Frau, von Religionsfreiheit und den selbstverständlichen Rechtsgarantien für die Kopten. Nun war der in Amerika promovierte Ingenieur nicht mehr der »Kandidat Gottes«, und vom »Scharia-Staat« war keine Rede mehr. Jedenfalls nicht in der apodiktischen Weise wie zuvor.

Das Lager des früheren Kampfpiloten und erfolgreichen Sanierers der Fluggesellschaft Egypt Air, Ahmed Shafik, wiederum versuchte die erwähnten Ängste gegen die Muslimbrüder zu schüren. Konspirativ erprobte Elemente streuten Gerüchte über angebliche Milizen der Brüder und malten gar das Schreckgespenst eines Bürgerkrieges an die Wand.

Es war dieses Klima der Angst, in dem viele Ägypter am Vorabend der Stichwahl verharrten, welches es den Generälen ohne Weiteres ermöglichte, sich handstreichartig umfangreiche neue Machtbefugnisse zuzuweisen. Das taten sie noch vor Schließung der Wahllokale am letzten Wahlabend. Die Generäle fügten ihrer im März 2011 geschriebenen Verfassungserklärung einen Zusatz hinzu, um ihre exekutiven Kompetenzen und ihre Kontrollrechte zu erweitern. Während sie ihre eigene Macht ausweiteten, nahmen sie dem neuen Präsidenten eine Reihe von Befugnissen. Die Junta etablierte einen von der Generalität dominierten Nationalen Verteidigungsrat, der verschiedene Eingriffsmöglichkeiten besitzt. Außerdem legte der Militärrat fest, dass die Streitkräfte keiner zivilen Aufsicht unterliegen. Wie schon erwähnt, haben die Generäle nach Auflösung der Volksversammlung auch die gesetzgebende Gewalt inne. Und zwar so lange, bis ein neues Parlament gewählt ist.

Eines der wichtigsten Privilegien, das die Generäle sich gewährt haben, ist das Recht, den Entstehungsprozess der neuen Verfassung zu kontrollieren. Der Militärrat besitzt bei jedem Artikel, mit dem er nicht einverstanden ist, ein Vetorecht. Und das gilt ebenfalls für die zuständigen Gerichte. Den Verfassungsprozess mag das unter Umständen erheblich hinauszögern und damit auch die Neuwahlen des Parlaments. Diese können nämlich erst nach Verabschiedung der Verfassung stattfinden, die wiederum durch eine Volksabstimmung gebilligt werden muss. Es ist sogar denkbar, dass der Militärrat eine neue verfassunggebende Versammlung einsetzt, wenn die Islamisten versuchen sollten, die Verfassung zu »islamisieren«.

Ein weiterer Konfliktpunkt könnte in einiger Zeit ins Blickfeld rücken: *neue Präsidentschaftswahlen.* Mitglieder des Militärrates haben schon darauf hingewiesen, dass der Staatspräsident neu gewählt werden muss, sobald die neue Verfassung in Kraft getreten ist. Eine solche Entwicklung ist durchaus denkbar. Schließlich wäre es ein Leichtes, die Notwendigkeit einer Neuwahl für das Präsidentenamt im neuen Grundgesetz festzuschreiben.[39]

All das macht deutlich, dass die Generäle in Ägypten unverändert eine große Machtfülle auf sich vereinen und dass die ägyptische Gesellschaft zutiefst polarisiert ist. Außerdem ist nicht zu übersehen, dass der Sieg Mursis noch lange kein Triumph der ägyptischen Demokratie ist. Gewiss, Ägypten hat den ersten zivilen Präsidenten seiner Geschichte gewählt und dazu noch einen Muslimbruder. Diese Wahl hat ohne Zweifel einen großen Symbolwert. Doch was bedeutet sie in der Praxis? Ist es der erste Schritt auf dem steinigen Weg in eine politische Ordnung, die die Freiheit aller Ägypter schützt und nach Jahren des Kampfes in eine stabile, islamisch verankerte Demokratie mündet?

Mohammed Mursi sagt, er möchte gerne ein Präsident des Volkes sein. Dazu muss er Farbe bekennen und zeigen, wer er wirklich ist: ein politischer Brückenbauer, der ein »Ägypten für alle Ägypter« schafft, wie er kurz nach seinem Wahlsieg sagte; oder ein islamistischer Parteigänger, der den Slogan verbreitet: »Der Koran ist unsere Verfassung und die Scharia ist unser Führer.« So, wie er das im Wahlkampf der ersten Runde der Präsidentschaftswahlen nachdrücklich getan hat.

In der Öffentlichkeit gibt sich Präsident Mursi von Beginn an volksnah. Während seiner Einführungsrede in der Universität von Kairo entschuldigte er sich sogar bei den Studenten, deren Examina wegen der Zeremonie verschoben werden mussten. Das gehört zu seiner Botschaft, die da lautet, mit ihm als neuem Präsidenten sei auch eine neue Ära angebrochen. Er wird nicht müde, den Ägyptern zu sagen, dass sie ihn ins Amt gebracht haben und er ihnen gegenüber Rechenschaft ablegen muss.

Dennoch sieht er sich der harten Wirklichkeit gegenüber, in der das Militär das Sagen hat. Der neue Präsident hat es zudem mit staatlichen Institutionen einer ausufernden Bürokratie zu tun, die von Repräsentanten des alten Regimes kontrolliert werden. Außerdem steht er einer Justiz gegenüber, die in weiten Teilen ebenfalls dem alten Regime und dem Militärrat verbunden ist. Im Kampf um Macht und Einfluss innerhalb des Systems steht der Muslimbruder-Präsident im Staatsapparat noch ziemlich alleine. Seine gut organisierten Mitbrüder können zwar die Straße gegen die Generäle mobilisieren. Aber Mursi ist gut beraten, hier eine rote Linie nicht zu überschreiten. Denn die Armee hat als Symbol der nationalen Einheit bei der großen Mehrheit des Volkes unverändert beträchtlichen Rückhalt. Und die Generäle sind mithilfe der Staatsmedien durchaus in der Lage, sich als Garant von Sicherheit und Ordnung zum Wohle der Nation darzustellen. Angesichts der Wirtschaftskrise, die Ägypten erschüttert, sind andauernde Massendemonstrationen, die das Alltags- und Geschäftsleben zum Erliegen bringen, nicht populär.

Mursi ist um die Aufgabe, die Wirtschaft anzukurbeln, nicht zu beneiden. Die ägyptischen Devisenreserven sind inzwischen stark geschrumpft, das Haushaltsdefizit schraubt sich immer weiter in die Höhe, die Arbeitslosigkeit galoppiert, es herrscht Stagflation und die Kreditwürdigkeit Ägyptens nähert sich dem Junk-Status. Diese Krise kann ohne die Wiederkehr politischer Stabilität nicht gelöst werden. Während die Generäle sich hier trotz ihrer Machtfülle leicht aus der Verantwortung ziehen können, sieht das bei Mursi anders aus. Er steht als gewählter Präsident im Mittelpunkt des öffentlichen Interesses, und von ihm erwartet die Bevölkerung sichtbare Fortschritte bei der Lösung der ökonomischen Probleme. Dazu gehört natürlich auch der lahmende Tourismus, der wieder in Schwung gebracht werden muss. Wenn Mursi und die Muslimbrüder auf dem Feld der Wirtschaftspolitik auf längere Sicht ohne Erfolg bleiben, wird ihre Popularität darunter empfindlich leiden. Der Sieg bei den Präsidentschaftswahlen könnte sich als Pyrrhussieg erweisen.

Mohammed Mursi steht vor einer historischen Bewährungsprobe. Ist er dazu fähig, jene Einheit herbeizuführen, die zu Beginn des ägyptischen Aufstandes das Geschehen auf dem Tahrir-Platz bestimmte, als Islamisten und Säkulare für einen friedlichen Wechsel demonstrierten und Muslime und Christen gemeinsam ihre Gebete sprachen? Oder bedient er allein den Ehrgeiz der Muslimbruderschaft, die ihre Ideologie über alles andere erhebt? Die Berufung des Kabinetts wird ein erster Hinweis darauf sein, ob Mursi tatsächlich in der Lage ist, andere politische Kräfte ernsthaft mit einzubeziehen. Nur wenn der Präsident sein Amt dazu nutzt, eine allägyptische Koalition zu bilden, und die verschiedenen Fraktionen lernen, nachhaltig zu kooperieren, gibt es eine Chance für die zivilen Politiker in Ägypten, über ein Ende der Militärherrschaft zu verhandeln. Sollten die politischen Parteien dagegen gespalten bleiben und sich Islamisten und Säkulare weiterhin unversöhnlich gegenüberstehen, wird ihre daraus resultierende Schwäche es ungeheuer erschweren, die Generäle zu einem Rückzug in die Kasernen zu bewegen. Der Kampf der Ägypter um eine demokratische Zivilgesellschaft jedenfalls wird noch Jahre dauern.

Besonderen Dank schulde ich Osama Amin für seine wertvolle Hilfe während meines Aufenthalts in Ägypten.

Tunesien: Musterbeispiel für eine islamische Demokratie?

Als der tunesische Präsident Zine al-Abidine Ben Ali am 14. Januar 2011 Hals über Kopf seinen Palast verlässt und sich in großer Eile zum Flughafen begibt, ist die Sensation perfekt. Nach wochenlangen Straßenprotesten im Land ist dem Tyrannen in Tunis der Boden unter den Füßen zu heiß geworden. Er flieht nach Saudi-Arabien. 23 Jahre, nachdem er sich in einer unblutigen Palastrevolution an die Spitze des Staates gesetzt hatte.

Zum ersten Mal in der postkolonialen Geschichte vertreiben arabische Bürger einen arabischen Gewaltherrscher mit friedlichen Mitteln von der Macht. Das ist auch möglich, weil sich die tunesische Armee nicht schützend vor den Diktator stellt.

Das Wort von der Jasmin-Revolution ist in aller Munde. Es dauert nicht einmal zwei Wochen, und der tunesische Funke springt auf Ägypten über, wo es der jugendlichen Avantgarde gelingt, die Ägypter innerhalb von Tagen für einen Aufstand der Massen zu mobilisieren. Auch Präsident Hosni Mubarak verliert seine absolute Macht. Eine Welle des Aufbegehrens erfasst den arabischen Raum. Seither befinden sich viele Länder in der Region in einem Prozess des Umbruchs. Bisher gibt es jedoch nur in Tunesien eine relativ gute Zwischenbilanz. Der tunesische Aufstand hat unter den Revolten von Nordafrika bis zum Arabischen Meer den geringsten Blutzoll gefordert. Die tunesische Opferbilanz von 300 Toten ist für die Hinterbliebenen schmerzhaft, steht aber in keinem Verhältnis zu dem katastrophalen Krieg im benachbarten Libyen mit ungefähr 50000 Opfern oder der erbarmungslosen Tötungsmaschinerie in Syrien.

Während in Ägypten der politische Übergang unter Führung des Militärs alles andere als erfolgreich verlaufen ist, kommen aus Tunesien relativ gute Nachrichten.

Warum schreitet das kleine Land auf dem Weg zur Demokratie besser voran?

Dafür gibt es verschiedene Gründe. Anders als in Ägypten hält sich die tunesische Armee aus der Politik heraus, seit sie dabei mitgeholfen hat, Ben Alis Herrschaft zu beenden. Sie überlässt das Feld den konkurrierenden politischen Strömungen, die die nachrevolutionäre Phase konstruktiver gestalten – trotz erheblicher Gegensätze.

Der erste Schritt in eine neue politische Zukunft ist die gelungene Vorbereitung von Wahlen durch die Übergangsregierung, deren Mitglieder noch aus der Zeit des Ancien Régime stammen. Der zweite Schritt zur Überwindung der alten Ordnung sind die freien und friedlichen Wahlen für die verfassunggebende Versammlung im Oktober 2011. Und der Prozess setzt sich fort mit der Bildung einer Koalitionsregierung zwischen der islamistischen Wahlsiegerin Ennahda (Renaissance-Partei) und zwei unterlegenen säkularen Parteien knapp zwei Monate später. Möglich war das nur, weil beide Seiten die anfängliche Polarisierung schließlich überwanden, was im Wesentlichen Raschid al-Ghannouchi, dem Führer der Ennahda-Bewegung, und dem säkularen Politiker Moncef Marzouki zu verdanken ist. Während Ghannouchi kein Regierungsamt ausübt, agiert Marzouki als Übergangspräsident mit beschränkten Vollmachten.

Die Koalition soll das Land bis zur Verabschiedung einer neuen Verfassung und eines neuen Wahlrechts durch alle Klippen steuern. Das ist angesichts der sozioökonomischen und politischen Gegensätze keine leichte Aufgabe. Die Regierung wird von den Islamisten dominiert. Denn mit 41 Prozent der Stimmen stellt die gemäßigte Renaissance-Partei die mit Abstand größte Fraktion. Dennoch brauchen die Islamisten die säkularen Kräfte, um eine neue politische Ordnung für Tunesien aufbauen zu können. Allein wären sie im Verfassungsrat nicht mehrheitsfähig. Darüber hinaus haben sie ein Interesse daran, in diesen schwierigen Zeiten die Verantwortung für die galoppierende Arbeitslosigkeit und die strukturellen Probleme der Wirtschaft auf mehrere Schultern zu verteilen.

Grundsätzlich ist die tunesische Volkswirtschaft auf einem relativ guten Weg gewesen. Doch 2011, im Jahr der Revolution, ist sie zum ersten Mal seit 1986 um 1,8 Prozent geschrumpft. Seither sind viele Arbeitsplätze verloren gegangen; auch wenn das Wachstum zurückgekehrt ist, hält diese Entwicklung an. Die Tunesier sind mit am besten ausgebildet in Nordafrika. Da die heimische Wirtschaft jedoch bisher dahin tendierte, vorwiegend unqualifizierte Arbeitsplätze und Stellen im Niedriglohnbereich zu schaffen, ist die Arbeitslosigkeit unter den Hochschulabsolventen mit 35 Prozent fast doppelt so hoch wie bei den weniger qualifizierten Tunesiern. Das führt zu einer wachsenden Polarisierung in der tunesischen Gesellschaft, weil sich verschiedene gesellschaftliche Gruppen von dem neuen System ausgeschlossen fühlen. Der ökonomische Einbruch trifft natürlich auch die tunesische Slum-Bevölkerung, die sich zuvor auf die Hälfte reduziert hatte. Selbst die engen Beziehungen zur Europäischen Union konnten den anhaltenden Abwärtstrend nicht aufhalten. Die Revolution führte auch zu einem schmerzlichen Einbruch des zuvor florierenden Tourismus an der Mittelmeerküste.

Freiheit – und der Kampf um die nackte Existenz

Während sich die akademische Jugend des Mittelstandes in Tunis gegen Ben Ali erhob, um Freiheit, Würde und eine ökonomische Zukunft zu erkämpfen, ging es bei den jungen Arbeitslosen in El Kef im Nordwesten Tunesiens zuerst um die nackte Existenz und dann um die Freiheit. In dieser 145 Kilometer westlich von Tunis nahe der algerischen Grenze gelegenen Stadt bewegt sich die Arbeitslosigkeit um die 40 Prozent. Es waren diese zornigen Habenichtse, die es zuerst wagten, sich gegen den Diktator zu stellen. Hier in El Kef sind die ökonomischen Todsünden von Habib Bourguiba in aller Schärfe sichtbar. Bourguiba führte die Tunesier 1956 in die Unabhängigkeit von Frankreich, schaffte die Monarchie ab und herrschte fortan drei Jahrzehnte bis 1987. Er war ein »fortschrittlicher« arabischer Nationalist, der säkulare Ideen vertrat und den islamischen Fundamentalismus bekämpfte. Der Autokrat mit diktatorischen Zügen war ein Verfechter der Emanzipation der Frau, jedoch ein wenig vorausschauender Wirtschaftspolitiker. Während er in den Sechzigerjahren durch rücksichtslose Kollektivierungsmaßnahmen beinahe die Landwirtschaft ruinierte, konzentrierte er die wirtschaftliche Entwicklung auf die Küstenregion und vernachlässigte das Hinterland, wie zum Beispiel das Gouvernement Kef. Bis heute ist in der tunesischen Landwirtschaft noch ein großer Teil der arbeitenden Bevölkerung saisonal beschäftigt. Historische Leistungen Bourguibas waren die frühe Abschaffung der Polygamie und die Einführung der Schulpflicht, verbunden mit dem kostenlosen Schulbesuch. Was die tunesische Gesellschaft vor allem auszeichnet, sind die gesetzlich verankerten Frauenrechte. Sie gehören zu den fortschrittlichsten in der arabischen Welt.

Die emanzipierte Stellung der tunesischen Frau ist den ultrakonservativen, oft militanten Salafisten ein Dorn im Auge. Und das bringen sie immer häufiger öffentlich und auf aggressive Weise zum Ausdruck, da sie sich seit der Revolution nicht mehr verstecken müssen. Einen ganz anderen offiziellen Standpunkt vertritt die Ennahda. Sie respektiert die Gleichberechtigung der Geschlechter, wie sie in Tunesien seit Langem gesetzlich verankert ist. Ghannouchi spricht hier von einer »akzeptablen Interpretation innerhalb des Islam«. Ennahda hat übrigens schon 1988 die rechtliche Gleichstellung der Frau anerkannt. Raschid al-Ghannouchi, der die islamistische Bewegung mitbegründet hat, trat schon damals mit relativ gemäßigten Ideen hervor. Er zeigte sich früh davon überzeugt, dass Demokratie und Islam durchaus vereinbar seien. Allerdings hat er in seinen Anfängen als islamistischer Aktivist noch wesentlich radikalere Töne von sich gegeben. Heute gehört al-Ghannouchi jedoch zu den profilierten Denkern des gemäßigten Islamismus. Bevor er im Januar 2011 nach Tunis zurückkehrte, verbrachte er 22 Jahre im Londoner Exil. Dorthin war er vor den Häschern Ben Alis mit seiner Familie geflohen.

Er ist der Meinung, dass in einem säkularen Staat der Respekt für den Islam und andere Glaubensrichtungen mit demokratischen Werten koexistieren können. In einem Interview mit der BBC sagt Raschid al-Ghannouchi: »Wir wollen einen Staat, der sich nicht in das private Leben der Menschen einmischt. Was die Leute tragen, was sie essen und trinken, woran sie glauben oder was sie glauben, all das sollte der Staat den Menschen nicht vorschreiben. Das geht ihn nichts an.«[40]

Er betont, er habe nicht vor, Bikinis am Strand zu verbieten oder den Verkauf von Alkohol zu unterbinden. »Ich würde es vorziehen, wenn die Leute sich nicht so verhielten. Aber das ist ihre Entscheidung«, fügt er hinzu. Solche Ansichten sind weit vom Standpunkt der orthodoxen Führer der Muslimbrüder in Ägypten entfernt. Dennoch lesen viele junge ägyptische Islamisten al-Ghannouchis Bücher mit Bewunderung.

Anas Altikriti, ein britisch-islamistischer Intellektueller, dessen Vater die Muslimbruderschaft in Bagdad anführte, erklärt al-Ghannouchis Ideen so: »Seine Vision eines Modells der islamischen Nation beruht ganz stark auf Wertvorstellungen.« Anstatt den Koran wörtlich zu verstehen, extrahiere er die im Text enthaltenen Grundwerte und komme dann zu dem Schluss, dass sich Werte wie Gerechtigkeit, öffentlicher Meinungsaustausch und Menschenrechte in modernen demokratischen Staaten wiederfinden.[41]

Doch viele säkular denkende Tunesier trauen al-Ghannouchi nicht über den Weg. »Er spielt nur mit Worten«, sagt die Jurastudentin Ibtisam und fügt hinzu: »Die Gefahr liegt doch darin, dass sie sagen, du kannst in einem Bikini zum Strand gehen. Aber wenn Frauen am Strand von Islamisten attackiert werden, tun sie nichts, um sie zu schützen.«[42]

Im Kontext der modernen Kultur

Unbestreitbar ist, dass es an der Basis der Ennahda-Bewegung Gruppen gibt, die wenig von Gleichberechtigung zwischen Mann und Frau halten. Ältere Mitglieder betrachten die Organisation wie in der Anfangszeit als ideologisch ausgerichtete »Bruderschaft«. Es finden sich auch Sympathisanten der militanten Salafisten in den Reihen von Ennahda. Das erklärt die lange zu beobachtende Scheu der Führung, mit den gewalttätigen Fanatikern unter den Salafisten öffentlich Klartext zu reden. Raschid al-Ghannouchi steht gleichwohl für eine gemäßigte Form des politischen Islam. Solange er bei Ennahda das Sagen hat, werden die radikalen Elemente in der islamistischen Bewegung kein Oberwasser bekommen. Al-Ghannouchis Tochter Intissar, die in Cambridge Rechtswissenschaften studiert hat, geht so weit und sagt: »Wir sind eine politische, keine religiöse Partei. So wie die Christlichen Demokraten in Deutschland.« Intissar, die offiziell als Sprecherin ihres Vaters fungiert, fügt hinzu: »Die Inspiration für unsere Werte ist der Islam, aber es geht uns darum, die modernen Alltagsprobleme der Tunesier im Kontext der modernen Kultur anzugehen.«[43]

Manche Aktivisten der Ennahda-Bewegung sprechen auch von der Türkei als Vorbild für den tunesischen Weg: Ein überwiegend muslimisches Land mit einer gemäßigten islamistischen Regierung in einer streng säkularen Republik. Al-Ghannouchi selbst vergleicht Ennahda auch gern mit der türkischen »Partei für Gerechtigkeit und Entwicklung« (AKP): »In der Türkei und in Tunesien gab es dieselbe Entwicklung hin zu einer Versöhnung zwischen Islam und der Moderne. Und wir sind die Abkömmlinge dieser Entwicklung.«[44]

Doch viele liberale Tunesier der gebildeten urbanen Mittelklasse, die klare Vorstellungen darüber haben, wie eine Demokratie funktioniert, verdächtigen al-Ghannouchi einer gespaltenen Zunge, wenn es um Islam und Demokratie geht. Zwar ermutige er Islamisten darin, in einem säkularen System zu arbeiten. Andererseits habe er auch geschrieben: »Säkularismus verwandelt den Westen in eine Gesellschaft selbstsüchtiger Biester.« Al-Ghannouchi entgegnet auf den Einwand, er merke nur kritisch an, dass religiöse und moralische Werte in westlichen Gesellschaften immer mehr verblassten. »Das bedroht familiäre Werte und das Fundament der Solidarität«, fügt er erläuternd hinzu.[45]

Was ist also von dem Verdacht zu halten, der sanft auftretende Raschid al-Ghannouchi sei ein Meister der taktischen Rede, der die Demokratie dazu nutzen wolle, um den Gottesstaat durch die Hintertür einzuführen?

Maha Azzam von der Londoner Denkfabrik Chatham House verneint das. Sie begründet ihre Ansicht mit dem Argument, Tunesier und andere Araber hätten ihre Angst vor den Tyrannen abgeschüttelt, da stehe auch islamischen Parteien nur noch die Option offen, demokratisch zu bleiben. Weiter führt sie aus: »Der Kampf derjenigen, die auf die tunesischen Straßen gegangen sind, richtet sich darauf, dass künftig jede Regierung für ihr Tun Rechenschaft ablegen muss. Sicher wollen viele in diesem Kontext auch den Respekt für islamische Werte gewahrt wissen. Doch ich glaube nicht, dass es ein Verlangen nach einem islamischen Regierungssystem gibt, das sich der Demokratie entledigt.«[46]

Anas Altikriti, der islamistische Intellektuelle aus London, lenkt den Blick auf einen übergeordneten Gesichtspunkt. Al-Ghannouchis Theorien, so meint er, könnten der Muslimbruderschaft helfen, ihre endlosen ideologischen Debatten einzustellen und sich stattdessen den praktischen Fragen, wie etwa der Schaffung von Arbeitsplätzen, zuzuwenden. Darauf komme es den Wählern am meisten an.

»In den letzten 30 Jahren hat die Muslimbruderschaft fortwährend die Parole verkündet: ›Der Islam ist die Antwort‹«, erläutert Altikriti, »und nun müssen sie wirklich viele, viele harte Fragen beantworten.«

Doch auch Raschid al-Ghannouchi muss sich beim Thema Säkularismus immer wieder kritische Fragen gefallen lassen. So anlässlich eines Vortrags im März 2012 beim »Zentrum für das Studium von Islam und Demokratie« in Tunis. Hier sagte er, säkulares Denken stehe nicht im Konflikt mit den Prinzipien des Islam, und er plädiere dafür, zwischen Religion und Staat zu unterscheiden. Doch für eine vollständige Trennung zwischen den beiden trete er nicht ein. Er fügte hinzu: »Der Islam hat sich entwickelt, indem er Religion und Politik sowie Religion und Staat miteinander kombinierte. Muslime waren also ständig durch die Religion beeinflusst. Und so sollten sie sich von den Lehren des Islam und seinen Werten inspirieren lassen, um ihr ziviles Leben zu bewältigen.« Darüber hinaus betonte er, wenn Religion und Staat völlig getrennt seien, sei es auch leichter, sie beide zu missbrauchen.[47]

Viele Konferenzteilnehmer monierten die Ambivalenz, die al-Ghannouchi in seinem Konzept des Säkularismus erkennen ließ. Sie bestanden auf der eindeutigen Feststellung, Religion sei Privatsache und der Staat habe nichts damit zu schaffen. Alle Menschen seien frei in ihren Überzeugungen und niemand könne sie deswegen zur Rechenschaft ziehen. Folglich solle der Islam aus politischen Konflikten herausgehalten werden.[48]

Hier geht es offenkundig um die kulturelle Identität der tunesischen Gesellschaft, und in diesem Kulturkampf bestehen mehrere Fronten. Sie verlaufen zwischen den gemäßigten Islamisten und den Säkularen, innerhalb von Ennahda sowie zwischen den radikalen Salafisten und der tunesischen Elite. Raschid al-Ghannouchi will auf jeden Fall eine Zuspitzung des Kulturkampfes vermeiden, der ohnehin schon eine Zerreißprobe für seine Ennahda-Bewegung bedeutet.

Die säkulare Elite, die gemäßigte Ennahda und die radikalen Salafisten

Die tunesische Elite ist zutiefst geprägt durch den französischen Säkularismus, der während der Kolonialherrschaft Frankreichs in den urbanen Zentren Wurzeln geschlagen hat. Säkular bedeutet für die frankophone Elite in Tunis eine strikte Trennung zwischen Religion und Staat. Der Glaube soll keine tragende Rolle im gesellschaftlichen Leben spielen, und die staatlichen Einrichtungen dürften bei der Wahrnehmung ihrer Aufgaben nicht durch den Islam bestimmt sein. Wir haben schon erfahren, dass viele Tunesier die Haltung der Elite nicht teilen. Dieser Gegensatz spaltet die Gesellschaft und beeinflusst die Arbeit der verfassunggebenden Versammlung, die das tunesische Grundgesetz entwirft. Das Gremium war lange blockiert, weil die Ennahda-Vertreter sich nicht dazu durchringen konnten, ihr Wahlversprechen einzulösen. Danach sollte der erste Artikel der noch geltenden Verfassung von 1959 beibehalten werden, der den weltlichen Charakter der Grundordnung festschreibt. Al-Ghannouchi stand unter Druck des rechten Flügels seiner Partei, der die Scharia als die Hauptquelle der Gesetzgebung in die neue Verfassung aufnehmen wollte. Andere konservative Islamisten und die militanten Salafisten verlangten dies ebenfalls mit großem Nachdruck. Dem stellten sich die säkularen Kräfte entgegen, die sich den Willen der religiösen Rechten nicht aufzwingen lassen wollen. Schließlich setzte sich der Ennahda-Chef al-Ghannouchi in einer Abstimmung des Spitzengremiums seiner Partei durch. Die Scharia bleibt unerwähnt und Artikel 1 der alten Verfassung wird im Wortlaut übernommen: »Tunesien ist ein freier, souveräner und unabhängiger Staat. Der Islam ist seine Religion, seine Sprache ist Arabisch und seine Staatsform ist die Republik.« Das ist ein bedeutender Etappensieg der säkularen Elite, auf deren Ängste al-Ghannouchi Rücksicht nehmen muss, weil er ihr Know-how braucht, um das Land aus der Krise zu führen und es wirtschaftlich wieder nach vorne zu bringen. Das räumt er offen ein: »Die tunesische Elite ist ein wichtiges Segment der Gesellschaft, der durch den Islam das nötige Gefühl der Sicherheit gegeben werden muss. Heute ist sie beruhigt, und das ist gut so. Und wir wollen keine neuen Debatten, die die tunesische Gesellschaft spalten.«[49]

Es ist jedoch zweifelhaft, ob dieser Wunsch al-Ghannouchis in Erfüllung geht. Er und seine gemäßigten Gefolgsleute sahen sich nach der Entscheidung der Empörung radikaler Salafisten gegenüber, die al-Ghannouchi persönlich als Verräter beschimpften.[50]

Abgesehen von der Opposition der Salafisten wird al-Ghannouchi jedoch vor allem auch darauf achten müssen, dass er mit seiner gemäßigten Linie nicht den Rückhalt bei den eigenen, radikaleren Parteimitgliedern verliert. In Tunesien entwickelt sich, ähnlich wie in Ägypten, eine innerislamistische Debatte über den richtigen Weg zur »Wiedergeburt« einer islamischen Gesellschaft. Das könnte den weiteren Verlauf der politischen Entwicklung wesentlich mitbestimmen.

Offener Kulturkrieg der Salafisten

Die Salafisten, deren Führer vor der Revolution im Gefängnis saßen oder im Untergrund agierten, fordern heute in aggressivem Ton einen islamischen Staat. Sie haben ihre teilweise gewalttätigen Aufmärsche verstärkt und sich dabei immer rücksichtsloser verhalten. Sie führen einen offenen Kulturkrieg gegen liberale Theater, Kinos, Alkoholläden und Bars und haben selbst die kleine jüdische Gemeinde Tunesiens angegriffen. Im Mai 2012 haben sich die salafistischen Eiferer zu Tausenden in der Stadt Kairouan zu einem eindrucksvollen Treffen versammelt. Unter wehenden schwarzen Fahnen forderten sie lautstark eine zentrale Rolle für den Islam, so wie sie ihn verstehen. Die Männer mit den weißen Käppis, langen Bärten und wallenden Roben, die sich als »Gefolgsleute des islamischen Rechts« (Ansar al-Scharia) bezeichnen, gehören zu den radikalsten Islamisten in Tunesien. Ihr informeller Führer Abu Ayadh al-Tunisi präsentierte unter »Allahu-Akbar«-Rufen das »Programm« der Salafisten. Die Medien, der Tourismus, Schule und Ausbildung und das Geschäftsleben müssten gemäß islamischer Prinzipien »reformiert« werden. Als Allheilmittel für die Probleme im Tourismus und in der Wirtschaft schlug er vor: »Wir sagen jenen, die leiden, dass die Lösung darin liegt, den Zins abzuschaffen.« Dabei bezog er sich auf das im Koran erwähnte Zinsverbot. Trotz ihres aggressiven Auftretens beteuerte der Sprecher der Salafisten, sie würden bei ihrer »Missionsarbeit« nicht mit Gewalt vorgehen, sondern im Dialog und durch das Gebet überzeugen. Solche Demonstrationen der Stärke verfehlen ihre Wirkung bei den säkularen Tunesiern nicht. Sie fürchten, dass allein der anhaltende öffentliche Druck der Extremisten allmählich den säkularen Charakter der tunesischen Gesellschaft untergraben wird. Auch ohne Gewalt.

Vielfach wird der Vorwurf gegen Ennahda laut, die von ihr geführte Regierung reagiere zu lasch auf die Übergriffe der Extremisten. Aber die gemäßigten Islamisten scheuen die offene Konfrontation mit den salafistischen Gruppen. Sie argumentieren, repressive Maßnahmen seien kontraproduktiv und könnten eine weitergehende Radikalisierung der militanten Gruppen nach sich ziehen. Die Fehler des alten Regimes sollten vermieden werden.

Ennahda verurteilt zwar die Übergriffe der salafistischen Gewalttäter, doch nicht die Ideologie der Salafisten als solche. Gleichzeitig zeigt sich Ennahda öffentlich bereit, mit jenen Gruppen einen Dialog zu eröffnen, die sich legal verhalten. Deshalb unterstützt die Ennahda-Regierung die Legalisierung der Salafisten.

Die islamistischen Eiferer halten nichts von der Demokratie, haben aber ähnlich wie ihre Glaubensgenossen in Ägypten begonnen, sich politisch zu organisieren, wie die Zulassung der salafistischen »Reformfront-Partei« zeigt. Es ist schwierig zu ermessen, wie stark der Rückhalt der Salafisten bei der Bevölkerung tatsächlich ist, weil sie noch nicht an Wahlen teilgenommen haben. Allerdings gibt es Berichte, dass radikale Prediger inzwischen schon mehr als 400 Moscheen in Tunesien kontrollieren. Wer die Moschee hat, kann die Herzen und Köpfe der Menschen für sich gewinnen. Das ist eine Binsenweisheit in islamischen Ländern. Also nimmt Ennahda diese Entwicklung nicht auf die leichte Schulter. Das Ministerium für religiöse Angelegenheiten bereitet einen Erlass vor, wonach jeder Imam (Vorbeter) nur dann einer Moschee vorstehen kann, wenn er über eine Zulassung des Ministeriums verfügt. Es ist offensichtlich, dass die gemäßigte Führung von Ennahda das Risiko erkennt, dass ihr durch die unbeschränkten Aktivitäten der Salafisten erwächst. Aber sie fühlt sich anscheinend nicht in der Lage, die ultrakonservativen Islamisten ideologisch offen herauszufordern. Unter dem Eindruck scharfer Kritik an ihrer ideenlosen und inaktiven Wirtschaftspolitik will sie offenbar keine weitere politische Front eröffnen. Ist das der Grund der Zurückhaltung? Oder fürchtet Raschid al-Ghannouchi zusammen mit seinen gemäßigten Gesinnungsgenossen den Widerstand des konservativen Flügels von Ennahda?

Am 21. Mai 2012 hat nun der tunesische Justizminister Noureddine Bhiri den religiösen Extremisten öffentlich mit Konsequenzen gedroht, wenn sie Gewalt anwenden. In dem privaten Radiosender Express FM erklärte er: »Ich sage diesen Leuten, sie sollen nicht denken, der Staat habe Angst vor ihnen. Das Spiel ist aus: Wer die rote Linie überschreitet, wird bestraft.« Die Warnung erfolgte, nachdem Dutzende von Salafisten den Inhabern von Bars und Spirituosengeschäften in der Stadt Sidi Bouzid die Zerstörung ihrer Läden angekündigt hatten, falls sie nicht freiwillig schlössen. Die Salafisten sagten, ihr Vorgehen sei notwendig, um »ihr Gesetz anzuwenden«. Schon einige Tage zuvor hatten die Extremisten mit der Kampagne begonnen, den Verkauf von Alkohol in jener Stadt zu unterbinden, die weltweit als Geburtsort der tunesischen Revolution bekannt ist.[51]

Ist das ein Zeichen dafür, dass Ennahda ab jetzt klarer gegen die radikalen Islamisten Stellung bezieht?

Das rücksichtslose Auftreten der Salafisten zeugt von einem gehörigen Selbstbewusstsein. Hoffen sie auf die Solidarität der konservativen und radikaleren Mitglieder von Ennahda?

All diese noch nicht zu beantwortenden Fragen weisen darauf hin, dass auch in Tunesien der Weg zur islamischen Demokratie noch sehr beschwerlich sein wird.

Vom Atlantik bis zum Arabischen Meer: die arabische Welt im Umbruch

Es ist lange her, dass ein ägyptischer Schulmeister in Kairo ans Rednerpult trat und empfahl, all die arabischen Staaten zu vereinen, welche die europäischen Kolonialmächte aus dem untergegangenen Osmanischen Reich geformt hatten. Es war Hassan al-Banna, der Gründer der Muslimbruderschaft, der 1938 auf einer islamischen Versammlung sagte: »Der Islam respektiert keine geografischen Grenzen; er kennt keine Rassenunterschiede und fragt nicht nach der Abstammung. Er betrachtet alle Muslime als eine Umma (Gemeinschaft).« Die Versammelten, so fuhr er fort, sollten deshalb ein globales Gremium schaffen, um einen neuen Kalifen zu wählen, der an die Stelle des durch die Europäer gestürzten osmanischen Herrschers treten werde.

Ist es denkbar, dass die Vision al-Bannas nun wahr wird, da der Aufstand der Araber Tyrannen stürzte und die Islamisten in einer Reihe von Ländern an den Wahlurnen beeindruckende Erfolge erzielten? Ein Blick auf die politische Landkarte der Region liefert die Antwort: Die Wiedergeburt eines panislamischen Großreiches bleibt der unerfüllte Traum islamistischer Ideologen. Denn in der Realität fehlen dafür die Voraussetzungen. Weit und breit ist von einer »Islamistischen Internationale« nichts zu sehen. Zwar sind in Tunesien und Ägypten *neue* islamistische Eliten in den Vordergrund gerückt, als sich das Geschehen von den öffentlichen Plätzen hin zu den Wahlurnen bewegte. Sogar in Marokko, wo der König sein Reich noch fest im Griff hat, spielen die moderaten Islamisten von der PJD (Partei für Gerechtigkeit und Entwicklung) im Kabinett inzwischen eine führende Rolle.

Auch in Syrien erwarten Landeskenner im Falle eines Regimewechsels, dass Islamisten verschiedener Prägung die Politik entscheidend mitbestimmen werden. Und in Jordanien ist die Islamische Aktionsfront, der politische Arm der Muslimbrüder, schon seit vielen Jahren die stärkste Partei. Seit der Erhebung der arabischen Völker murren viele Jordanier lauter als zuvor. Die Aktionsfront verlangt nun mit größerem Nachdruck politische Reformen von König Abdallah II. und spielt öffentlich gar mit der Idee, aus der absoluten eine konstitutionelle Monarchie zu machen.

Die Islamisten sind zwar vielfach als Gewinner aus den ersten Parlamentswahlen hervorgegangen, doch seither ist in Kairo und anderswo erkennbar, dass der Weg zur arabischen Demokratie nicht ausschließlich durch den politischen Islam bestimmt sein muss. Die demokratische Entwicklung eröffnet anderen gesellschaftlichen und politischen Akteuren, wie etwa den Gewerkschaften, die Möglichkeit, eine relevante Rolle zu übernehmen. Jedenfalls gibt es angesichts der handfesten internen Probleme in den Ländern des Umbruchs für panislamische Träume keinen Raum. Die religiösen Parteien müssen allesamt ihr eigenes nationales Haus in Ordnung bringen. Und damit werden sie lange beschäftigt sein. Auch wenn die meisten als »Ableger« der ägyptischen Muslimbrüder entstanden sind, so haben sie sich doch als nationale Bewegungen entwickelt. Gewiss sind sie ideologisch bis zu einem gewissen Grad mit der ägyptischen »Mutterorganisation« verbunden. Aber organisatorisch und politisch sind sie alle unabhängig. Das zeigt sich an ihren zum Teil sehr unterschiedlichen nationalen Konzepten.

Der politische Islam wird gewiss eine bedeutende Rolle im Ringen um die nachrevolutionäre Macht in der Region spielen. Doch es hat sich gezeigt, dass die Muslimbrüder kein Monopol besitzen, sondern innerhalb des islamistischen Lagers einer wachsenden Konkurrenz aus unterschiedlichen Richtungen ausgesetzt sind. Ihrer Mischung von ökonomischem Liberalismus, gesellschaftlichem Konservatismus und politischem Pragmatismus stellen sich die rechts von der islamistischen Mitte agierenden ultrakonservativen Salafisten entgegen. Auf der linken Seite werden die Muslimbrüder dagegen von den liberal-progressiven Kräften herausgefordert, die zum Beispiel weder in Ägypten noch in Tunesien geneigt sind, das Feld allein den Islamisten zu überlassen.

In welchem Ausmaß sich die frommen Brüder machtpolitisch künftig behaupten, wird sehr davon abhängen, ob es ihnen gelingt, die darniederliegenden Volkswirtschaften wieder aufzurichten und die hohen Erwartungen ihrer Wähler zu erfüllen.

Die Ausbreitung des politischen Islam

Insgesamt betrachtet haben seit Dezember 2010 die Geschehnisse im Nahen und Mittleren Osten neue politische Horizonte geöffnet und eine weitreichende Dynamik ausgelöst. Angesichts der enormen sozioökonomischen Probleme in den postrevolutionären Ländern wird der politische Blick in diesen Gesellschaften jedoch zunächst nach innen gerichtet sein. Es geht nicht nur um die kurzfristige Schaffung von Arbeitsplätzen, sondern um den Aufbau leistungsfähiger Wirtschaftssysteme, welche die Lebensqualität schnell wachsender Bevölkerungen signifikant verbessern können. Außerdem heißt es, neue Verfassungsordnungen und Rechtssysteme zu errichten.

Andererseits ist offenbar, dass die Revolutionen vom Maghreb bis zum Golf, so unterschiedlich sie verlaufen sind, doch unter einem gemeinsamen Nenner standen: Der Wiedererlangung der *Würde* der Menschen. »Al-Karama« (Würde), der voller Inbrunst auf den arabischen Straßen skandierte Ruf, bezieht sich auf eine Palette von Themen. Dazu gehören die individuellen Freiheitsrechte ebenso wie der Anspruch des Volkes, seine Regierung zu wählen und zur Rechenschaft zu ziehen, sowie das Privileg, die Rolle und den Platz seines Landes im internationalen Staatensystem unabhängig von äußeren Einflüssen selbst zu bestimmen.

Wenn die arabischen Aufstände eines bewirkt haben, so ist es die Relativierung des postkolonialen Konzepts externer Mächte, den Gang der Dinge in der Region durch ihren absoluten Einfluss zu lenken. Deutlich erkennbar ist das im Fall Ägyptens, wo die USA heutzutage, trotz ihrer Milliardenhilfe an das Militär, kein quasi selbstverständliches Wohlverhalten Kairos zum Wohle amerikanischer Interessen mehr erwarten können. Da ist nun der Wille des Volkes mit zu berücksichtigen.

Es ist auffällig, dass die arabischen Aufstände zu unterschiedlichen Ergebnissen geführt haben, je nachdem, wo sie sich ereigneten. Hat also der geografische Standort über den Erfolg der Revolution mitentschieden? Fest steht, dass erfolgreiche Volkserhebungen nur in den Ländern Nordafrikas stattgefunden haben. Die revolutionären Versuche auf der Arabischen Halbinsel sind allesamt stecken geblieben. In der Levante, der Region am östlichen Mittelmeer, bleibt abzuwarten, welche politischen Folgen die blutigen Konfrontationen in und um Syrien nach sich ziehen werden. Die tiefen religiösen und ethnischen Gegensätze in der syrischen Gesellschaft sind der Ausgangspunkt für einen erbarmungslosen Kampf, der ähnlich wie im libanesischen Krieg (1975–1990) zum Zerfall des Staates führen kann. Allerdings mit noch viel weitreichenderen Folgen, da in Syrien nicht nur eine Art kleiner kalter Krieg zwischen Russland und Teilen des Westens wiederaufzuleben scheint. Noch gravierender ist der Stellvertreterkrieg auf syrischem Boden zwischen dem schiitischen Iran, dem Partner des Assad-Regimes, und der sunnitischen Führungsmacht Saudi-Arabien, unterstützt durch das Emirat Katar. Israel und die Türkei als Nachbarstaaten sind unmittelbar von Verlauf und Ausgang des Konflikts betroffen. Eine finale Explosion Syriens würde die geopolitische Lage in diesem Raum dramatisch verändern.

Der französische Islam- und Politikwissenschaftler Gilles Kepel vertritt den Standpunkt, die Revolutionen seien in Nordafrika nur deshalb so verlaufen, weil in diesem Raum ein politischer Wechsel nicht als Bedrohung der globalen Ordnung angesehen wurde.[52]

Ganz anders verhält es sich indes auf der arabischen Halbinsel und vor allem am Golf. Dort hat wegen der Bedeutung der Region für die weltweite Ölversorgung jeder Regimewechsel internationale Auswirkungen. Deshalb wird hier eine Machtverschiebung als viel gefährlicher eingestuft. Das zeigt das Beispiel des kleinen Königreichs Bahrain, das von einem sunnitischen Clan beherrscht wird. Die Insel liegt dicht vor der Ostküste Saudi-Arabiens am Persischen Golf und ist mit dem mächtigen saudischen Nachbarn durch eine Überwasserautobahn verbunden. Der Aufstand in Bahrain weckte sofort Befürchtungen, die internationalen Märkte könnten ins Straucheln geraten und die politische Ordnung am Golf erschüttern. Trotz der gewaltfreien Massenproteste der Opposition, die überwiegend der unterdrückten schiitischen Bevölkerungsmehrheit entstammt, wurden die Demonstranten sofort als »Handlanger der Islamischen Republik Iran« gebrandmarkt. Dabei erhoben sie gemäßigte Forderungen, ohne jeden schiitischen Unterton und ohne einen Regimewechsel zu verlangen. Die sunnitische Herrscherfamilie in Bahrain und ihre mächtigen königlichen Glaubensbrüder aus Saudi-Arabien behaupteten indes von Anfang an, es gehe den Demonstranten nicht um Freiheit und demokratische Beteiligung, sondern darum, das kleine Land zum schiitisch-iranischen Vorposten zu machen. Damit könnten die Mullahs in Teheran Saudi-Arabien politisch und militärisch in die Zange nehmen. Beweise für diese Anklage blieben sie jedoch schuldig.

Als der Aufstand in Bahrain schließlich von Truppen des Golf-Kooperationsrates (GCC) unter saudischem Kommando mit äußerster Brutalität niedergeschlagen wurde, waren nur lahme Proteste aus Amerika und Europa zu hören. Die USA, deren 5. Flotte in Bahrain stationiert ist, gaben in gewohnter Manier der Wahrung ihrer *strategischen Interessen* den Vorzug. Dies umso bereitwilliger, als sie auch Rücksicht auf das saudische Königshaus zu nehmen hatten. Die Saudis werfen Washington Verrat an ihrem engen Verbündeten Hosni Mubarak vor, den die Amerikaner nach anfänglicher Unterstützung während des ägyptischen Aufstandes schließlich doch fallen ließen. Hinzu kommt, dass in den östlichen saudischen Ölprovinzen, die in unmittelbarer Nähe Bahrains liegen, mindestens 350 000 Schiiten leben, die von den wahhabitisch-salafistischen Saudis seit jeher unterdrückt worden sind. Der aufrührerische Funke könnte allzu leicht von Bahrain auf die unzufriedenen saudischen Schiiten überspringen. Das wollen die saudischen

Herrscher um jeden Preis verhindern und genießen dabei die stillschweigende Unterstützung der Vereinigten Staaten – Freiheit, Demokratie und Menschenrechte treten hier in Washington zwangsläufig in den Hintergrund. Am Golf bleibt es bei der seit jeher praktizierten Realpolitik der USA.

Jemen, das Armenhaus im Süden der arabischen Halbinsel, ist das zweite Land in diesem Raum, wo sich ein beträchtlicher Teil des Volkes gegen den seit Jahrzehnten mit seinem Clan herrschenden Präsidenten Ali Abdullah Salih erhob. Der Aufstand hielt über Monate hinweg an, ohne einen wirklichen Wechsel herbeizuführen. Kurz bevor das durch Stammesrivalitäten und religiöse Gegensätze zerrissene Land in seine Einzelteile zerbrach, schritt der Golfkooperationsrat ein, wiederum unter Führung der Saudis. Dem saudischen König Abdallah gelang es mit Mühe, eine vorläufige politische Lösung herbeizuführen. Seine Intervention hatte vor allem das Ziel, die jemenitischen Unruhen innerhalb der Landesgrenzen zu halten. Keinesfalls sollte der Konflikt auf die Nachbarstaaten übergreifen. Eine Lösung der Kernprobleme des Jemen wurde indes nicht erreicht und war auch nicht beabsichtigt. Zwar musste Präsident Salih zurücktreten, doch ansonsten gleichen die Machtstrukturen denen zur Zeit vor dem Aufstand. Der Vizepräsident von Salih sitzt nun auf dessen Stuhl, und einer der Söhne des abgelösten Dauerpräsidenten kandidiert bei den nächsten Präsidentschaftswahlen. Es steht zu befürchten, dass viele der aufbegehrenden jungen Jemeniten ihr Leben lassen mussten, ohne dass sich in ihrem Land substanziell etwas ändert. Jedenfalls wenig mehr als eine neue Postenverteilung innerhalb derselben alten Elite, die sich auf die eingesessenen Familien und Clans stützt.

Im Übrigen bleibt der Jemen ein Krisengebiet, das im Norden, an der Grenze zu Saudi-Arabien, eine religiös motivierte Revolte der schiitischen Houthi-Rebellen verkraften muss. Und im Süden eine Sezessionsbewegung, welche die durch einen Bruderkrieg erzwungene Einheit mit dem Norden auflösen will. Darüber hinaus ist bemerkenswert, dass die Houthi-Schiiten von dem Regime in Teheran unterstützt werden, auch um Saudi-Arabien unter Druck zu setzen. Schließlich ist der Jemen zum Tummelplatz von »Al Qaida auf der Arabischen Halbinsel« (AQAP) geworden.

Die AQAP ist ein Zusammenschluss von Al-Qaida in Saudi-Arabien und Al-Qaida im Jemen. Die Organisation entstand, nachdem die saudischen Sicherheitsdienste den Druck auf die Al-Qaida-Terroristen im Königreich so stark erhöht hatten, dass viele dieser Dschihadisten (Gotteskrieger) in den Jemen auswichen. Dort ist die Zentralregierung im Landesinneren wegen der ausgeprägten Stammeskultur traditionell schwach. Das begünstigt das Unwesen der Terroristen, die es außerdem geschickt verstehen, manche Stämme durch materielle Vorteile für sich einzunehmen.

Arabische Republiken – arabische Monarchien

Unter den arabischen Republiken sind Algerien, der Libanon, Irak und Sudan bisher von einer Rebellion verschont geblieben, obwohl es 2011 auch in diesen Ländern Protestdemonstrationen gab. So unterschiedlich die genannten Staaten sind, so verbindet sie doch ein vergleichbares Schicksal. Sie alle wurden in der jüngeren Vergangenheit von blutigen inneren Konflikten erschüttert. Das nachwirkende Trauma mag die Bereitschaft der Menschen gemindert haben, den Status quo in ihren Ländern konsequent infrage zu stellen. Hinzu kommt, dass, abgesehen vom Sudan, wo General Umar al-Baschir seit 1989 an der Macht ist, keine der anderen Republiken von einem Autokraten mit dynastischen Neigungen beherrscht wird. Das aber war in Tunesien, Ägypten, Libyen, Jemen und Syrien der Fall. Allerdings stellt sich die Frage, ob diese Staaten auch langfristig immun bleiben gegen anhaltende Reformverlangen einer unzufriedenen und perspektivlosen jungen Gesellschaft.

Die Lage in den arabischen Monarchien stellt sich völlig anders dar als in den Republiken. Während die ölreichen Emirate und Königreiche am Persischen Golf überwiegend im Geld schwimmen, sind Länder wie Marokko und Jordanien relativ arm, haben jedoch eine schnell wachsende Bevölkerung. Der marokkanische König Mohammed VI. (geb. 1963) und sein nur ein Jahr älterer jordanischer Kollege Abdallah II. verfügen nicht über die finanziellen Mittel, um sich aus einer vorrevolutionären Lage befreien zu können. Das aber kann man getrost von einigen der arabischen Potentaten am Golf sagen, die tief in ihre Staatskassen griffen, als im Laufe des Jahres 2011 auch ihre Untertanen Forderungen nach mehr Freiheit erhoben. In Oman antwortete Sultan Qaboos auf die Arbeiterproteste in den Städten Sohar und Salalah mit Lohnerhöhungen, verbesserten Sozialleistungen und dem Versprechen, 50 000 neue Stellen zu schaffen. Maßnahmen, die Mitte 2011 dazu führten, dass sich die unruhigen Verhältnisse wieder normalisierten. Sultan Qaboos herrscht seit 1970 mit absoluter Hoheitsgewalt. Daran ändert sich auch künftig nichts. Die »Beratende Versammlung« (Majlis) darf zwar jetzt Gesetze verabschieden; diese werden jedoch nur wirksam, wenn der

Sultan sie absegnet. Qaboos hat keinerlei Schritte unternommen, die seinen Untertanen eine ungehinderte politische Tätigkeit ermöglichen würden.

Der greise König Abdallah von Saudi-Arabien kündigte an, den Betrag von fast 11 Milliarden Dollar auszugeben, um der wachsenden Unzufriedenheit bei seinen Untertanen zu begegnen. Mit diesem Geld sollten Arbeitsplätze geschaffen und soziale Wohltaten für Jugendliche und Arbeitslose bezahlt werden. Der saudische Herrscher versprach auch bescheidene politische Reformen: Frauen sollten bei den nächsten Kommunalwahlen wahlberechtigt sein und darüber hinaus von ihm auch in die beratende Versammlung (Schura) berufen werden. Doch statt der Schura mehr Kompetenzen zu verleihen und den Erziehungsbereich zu reformieren, verkündete der König zu einem späteren Zeitpunkt, er werde zusätzlich die atemberaubende Summe von insgesamt 130 Milliarden Dollar aufwenden. Mit diesen Mitteln würde ein Paket von Wirtschafts- und Gesundheitsmaßnahmen finanziert; überwiegend fließe der Betrag jedoch an das religiöse Establishment und die staatlichen Sicherheitsdienste. Damit sollen in der religiösen Bürokratie offenbar Stellen für jene Aspiranten geschaffen werden, die in der Privatwirtschaft nicht unterkommen können. Der staatliche Sicherheitsapparat aber wird personell erheblich verstärkt, um die Militarisierung der saudischen Gesellschaft voranzutreiben.

In den kleineren Golfstaaten wie Kuwait, Katar und den Vereinigten Emiraten (VAR) blieb – abgesehen vom Sonderfall Bahrain – die materiell gut versorgte Bevölkerung im Revolutionsjahr 2011 ruhig.

Oman und Saudi-Arabien haben enorme Geldbeträge aus ihren Staatsschätzen benutzt, um kurzfristig in ihren Ländern Stabilität zu sichern. In Bahrain gelang das nur durch nackte Gewalt. Es ist jedoch kein Geheimnis, dass keine dieser Maßnahmen nachhaltig wirken wird.

Viele Herrscher am Golf sind sich inzwischen der Tatsache bewusst, dass sie auf längere Sicht um Reformen nicht herumkommen. Auch ihre Untertanen verlangen, dass die Regierenden künftig stärker Rechenschaft für ihr Handeln ablegen. Darüber hinaus wollen sie an der Gesetzgebung und den Regierungsentscheidungen beteiligt werden. Das bedeutet nichts anderes als eine evolutionäre Entwicklung hin zu einer konstitutionellen Monarchie, um längerfristig einer Revolution zu entgehen. Wenn dem so ist, so bleibt dennoch die große Frage: Wann wird das geschehen?[53]

Marokko und Jordanien, die beiden rohstoffarmen Monarchien, haben auf die arabischen Unruhen mit dem Versprechen reagiert, ihre Staatsverfassungen zu reformieren. Beide Monarchen kündigten Maßnahmen an, um eine unabhängige Justiz zu fördern. Hervorstechend war die Selbstverpflichtung der mit absoluter Machtfülle regierenden Herrscher, künftig den Premierminister durch die parlamentarische Mehrheit zu bestimmen und nicht mehr durch königliches Dekret. Außerdem sollte das Parlament im Rahmen der Gewaltenteilung die alleinige Kompetenz für die Gesetzgebung erhalten. Auf diese Weise gelang es Mohammed VI. in Marokko und Abdallah II. in Jordanien, die Unzufriedenheit bei ihren Untertanen einzudämmen. Der marokkanische König hielt bis zu einem gewissen Grade sein Wort. Er ließ eine neue Verfassung per Volksabstimmung verabschieden und Wahlen veranstalteten, aus denen die gemäßigten Islamisten als Sieger hervorgingen. Letztere stellen heute den Regierungschef, der sich auf eine parlamentarische Mehrheit stützt. Dennoch ist Marokko noch weit von einer konstitutionellen Monarchie entfernt. Mohammed VI. bleibt ein absolut herrschender Monarch, der in allen wichtigen Staatsangelegenheiten das letzte Wort behält. Ein Großteil der marokkanischen Jugend ist nach wie vor sehr unzufrieden. Es mangelt ihnen unverändert an einer wirtschaftlichen und sozialen Zukunftsperspektive; und selbst mit der reformierten Verfassung kann von wirklicher Presse- und Meinungsfreiheit nicht die Rede sein. Artikel 41 des Pressegesetzes droht eine Gefängnisstrafe von drei bis fünf Jahren für jede Äußerung an, die die islamische Religion, die Monarchie oder Marokkos territoriale Einheit »unterminiert«. Darüber hinaus darf niemand in verletzender Weise über »Seine Majestät den König und die königlichen Prinzen und Prinzessinnen« sprechen. Andernfalls landet er auf Jahre hinaus im Gefängnis. Solche unbestimmten Rechtsbegriffe verstoßen gegen jede rechtsstaatliche Ordnung und laden geradezu zur Willkür ein.

Der jordanische König hat dagegen noch keine politischen oder wirtschaftlichen Reformen umgesetzt, die diesen Namen verdienten. Abdallah II. setzt unverändert auf Zeit. Er scheint zu hoffen, mithilfe seines Geheimdienstes die beiden rivalisierenden Bevölkerungsgruppen in seinem Reich – wie schon so oft – gegeneinander auszuspielen. Traditionell stützt sich das jordanische Königshaus auf die ostjordanischen Stämme, die ihren Vormachtanspruch durch die seit 1948 zugewanderten Palästinenser bedroht sehen. Die Ostjordanier stammen überwiegend aus den ländlichen Gebieten, während die palästinensischen Jordanier in den Städten des Landes leben und vielfach ihren Lebensunterhalt als private Geschäftsleute verdienen. Die Mehrheit der in Jordanien sehr pragmatisch agierenden Muslimbrüder wiederum sind Palästinenser. Die Loyalität der Ostjordanier zum Regime erklärt sich aus der Tatsache, dass sie vor allem im Staatsdienst auffällig überrepräsentiert sind. Das gilt auch für den Geheimdienst und, bedingt durch das Wahlrecht, ebenfalls im Parlament. Im Verhältnis zu den aus den von Israel besetzten Gebieten zugewanderten Palästinensern sind die Ostjordanier immer privilegiert gewesen.

Inzwischen ist die enge Bindung der Ostjordanier an den Staat allerdings stark erschüttert. Das hängt mit der Privatisierungswelle zusammen, die seit Mitte der Neunzigerjahre anhält, und mit der himmelschreienden Korruption auf höchster Ebene, die weitgehend ungeahndet bleibt. Staatliche Mittel, die bisher den Ostjordaniern zugutekamen, fließen heute der neuen Elite des Privatsektors zu, die über einen direkten Zugang zum König und seiner Entourage verfügt. Infolge der erheblich gekürzten staatlichen Finanzhilfen leiden die ländlichen Gebiete Jordaniens unter dem drohenden Zusammenbruch der Landwirtschaft. Viele Ostjordanier ziehen den Schluss, dass ihre wirtschaftlichen Probleme nur durch politische Reformen gelöst werden können. Also verlangen sie vermehrt eine neue Verfassung und ein neues Wahlrecht. Die Palästinenser fühlen sich ihrerseits benachteiligt, weil ihnen der öffentliche Dienst verschlossen bleibt, wenn es um Schlüsselpositionen geht.

Beide Bevölkerungsgruppen sind verärgert. Dennoch sind sie bisher nicht imstande, vereint vor den König zu treten und gemeinsam ihrem Reformverlangen Nachdruck zu verleihen. Abdallah II. wiederum redet weiter über Reformen, ohne sie umzusetzen. Hinzu kommt, dass die Demonstrationen und Proteste in Jordanien bisher kein bedrohliches Ausmaß angenommen haben. Außerdem gibt die Mehrheit der Jordanier immer noch der Stabilität im Lande den Vorzug, wenn ein Aufstand gegen das Regime Chaos, Massaker und blutige Straßenkämpfe wie im Nachbarland Syrien bedeuten könnte. Die meisten Menschen in Jordanien wollen Reformen, aber noch sind sie nicht bereit, dafür radikale Maßnahmen gegen das herrschende System zu ergreifen. Aber wie lange wird das so bleiben, wenn sich die Lebensbedingungen nicht ändern? Schließlich galoppiert die Inflation auch in Jordanien. König Abdallah II. scheint seinen Untertanen jedenfalls nur eine Wahl anzubieten: die Beibehaltung des Status quo gepaart mit Stabilität oder Reformen um den Preis der Destabilisierung. Das könnte ein gefährliches Spiel werden für Abdallah und das Haus Hashem, dem er entstammt, jenem muslimischen Adelsgeschlecht, das einst die Scherifen von Mekka stellte, die Hüter der Heiligen Stätten des Islam, bis sie von den Saudis mithilfe der Briten 1925 aus Mekka nach Transjordanien und in den Irak vertrieben wurden.

Saudi-Arabien will eine Union der Monarchien

Die saudische Erbmonarchie fürchtet nicht nur die Idee der Demokratie oder einer Regierung der gewählten Mehrheit. Auch der Gedanke an eine konstitutionelle Monarchie jagt der Königsfamilie in Riad einen Schauer über den Rücken. Selbst die bescheidenen politischen Reformen in Marokko und die versprochenen Veränderungen in Jordanien erscheinen den saudischen Prinzen schon zu viel des Wandels. Für sie und die Herrscher in den anderen Ölmonarchien am Golf geht es darum, ihre Untertanen gar nicht erst auf den Geschmack von mehr Mitbestimmung im Staate zu bringen. Sie wollen verhindern, dass in ihrem Machtbereich der Keim der

Unzufriedenheit gegenüber der absoluten Monarchie heranwächst. Das mag auch erklären, warum Saudi-Arabien einige Monate nach Beginn der arabischen Unruhen Marokko und Jordanien die Einladung unterbreitete, dem Golfkooperationsrat beizutreten. Das würde aus dem regionalen Rat, der nach der islamischen Revolution im Iran (1979) als loses Schutzbündnis gegen den »Störenfried« Ajatollah Khomeini gegründet wurde, einen konservativen *Club der Könige* machen. Der marokkanische Herrscher reagierte eher kühl auf die saudische Avance, während sich Jordanien offen interessiert zeigte. Doch eine solche Allianz der Monarchien als Speerspitze gegen den demokratischen Trend in der arabischen Welt konnten die Saudis bisher nicht realisieren. Dennoch halten sie an der diplomatischen Initiative fest.

Inzwischen will das saudische Königshaus noch einen anderen Weg gehen, um einen neuen Schutzwall gegen die sich ausbreitenden Veränderungen in der Region zu errichten. Die saudischen Prinzen drängen nun ihre fünf Golf-Nachbarn Kuwait, Katar, Oman, Bahrain und die Vereinigten Emirate zu einer Föderation. Aber außer dem kleinen Bahrain, das sich dem saudischen Druck kaum zu entziehen vermag, hat keines der übrigen Länder die saudische Initiative öffentlich gutgeheißen. Die meisten der kleineren Golfstaaten sind offenbar nicht bereit, sich der in dieser Union unvermeidlichen Dominanz Saudi-Arabiens auszusetzen. Selbst die königliche Familie in Bahrain ist in dieser Frage gespalten. Obwohl sich die Nachbarn sträuben, zeigt sich der saudische Außenminister Prinz Saud Al-Faisal unbeeindruckt. Er bekräftigt, für wie wichtig er die arabische Föderation am Golf hält. Um sein Ziel zu erreichen, setzt er nicht nur seine langjährige diplomatische Erfahrung ein, sondern auch Geld.

Das saudische Königshaus ist fest entschlossen, die alte Ordnung in der Region so weit wie möglich zu erhalten oder sogar wiederherzustellen. Der Aufstand der Araber soll die Grenzen des rückwärtsgewandten Saudi-Arabien nicht erreichen. Die Prinzen fürchten den Bazillus der Veränderung. Schließlich gibt es in ihrem Reich eine wachsende Zahl frustrierter, entrechteter Bürger, Dissidenten, Minderheiten und rechtloser Gastarbeiter sowie ein Heer arbeitsloser junger Saudis. Forderungen nach politischen und sozialen Reformen werden schon lange gestellt. Denn es mangelt an Wohnraum, Gesundheits- und Sozialeinrichtungen. In den östlichen Ölprovinzen, wo überwiegend benachteiligte, schiitische Saudis leben, gibt es immer wieder kleinere Proteste. Viele saudische Frauen verlangen gesellschaftliche Reformen, darunter das heutzutage selbstverständliche Recht, ein Auto zu steuern. Die seit jeher bestehenden Spannungen zwischen dem erzkonservativen Inland des Königreichs und der mehr kosmopolitischen Küstenregion am Roten Meer mit der Hafenstadt Dschidda als Zentrum werden durch solche Ansinnen verschärft.

In Zeiten wie diesen, in denen sich die Machthaber inneren und äußeren Bedrohungen ausgesetzt sehen, fällt das Haus der Al-Saud, wie gewohnt, auf seine Allianz mit dem erzkonservativen religiösen Establishment der Wahhabiten zurück, eine symbiotische Verbindung, die schon seit 1744 besteht. Das aber bedeutet eine Blockade für substanzielle politische und soziale Reformen. Zumal der grundsätzlich reformgeneigte greise König Abdallah über immer weniger Durchsetzungskraft zu verfügen scheint. Um der Ansteckungsgefahr im eigenen Reich Herr zu werden und den Dissidenten die Reformideen auszutreiben, wendet das Regime eine Strategie mit dreifacher Stoßrichtung an. Man bedient sich der Strenge wahhabitischer (salafistischer) Religionsgesetze, finanzieller Großzügigkeit und dem verstärkten Druck erbarmungsloser Polizeimethoden.

Ein weiteres Handlungsmotiv für die Saudis ist ihre Sorge um den im letzten Jahrzehnt gewachsenen Einfluss des großen regionalen Gegenspielers, des schiitischen Iran. Das ist der Hauptgrund für die saudischen Prinzen, nicht nur bei sich zu Hause eine militante antischiitische Stimmung zu schüren, sondern auch unter den sunnitischen Arabern am Golf, wie in Bahrain. Dasselbe gilt für Syrien, den Libanon und andere arabische Länder. Die Saudis sehen in dem revolutionär-schiitischen Regime in Teheran die treibende Kraft für das Aufbegehren der eigenen schiitischen Bevölkerung und der arabischen Schiiten insgesamt in der Region. Somit vermuten sie überall dort, wo Schiiten sich erheben, eine fünfte Kolonne am Werk, ferngesteuert von den Al-Quds-Brigaden der iranischen Revolutionswächter. Die Tatsache, dass arabische Schiiten protestieren, weil sie von ihren sunnitischen Glaubensvettern benachteiligt und unterdrückt, vielfach als Ketzer verfolgt werden, ignorieren sie dabei.

Das Königreich Saudi-Arabien gehört eindeutig zum konterrevolutionären Lager in der geteilten arabischen Welt. Als den saudischen Prinzen jedoch klar wurde, dass sie den revolutionären Wandel nicht gänzlich aufhalten konnten, bemühten sie sich, den Gang der Dinge in ihrem Interesse zu beeinflussen. Nachdem sie den Sturz der Präsidenten Ben Ali und Mubarak nicht zu verhindern vermochten, unterstützten die Saudis massiv die ultrakonservativen Salafisten in Ägypten und in Tunesien, die schon lange ihre ideologischen Verbündeten sind. Anders als in diesen Ländern traten die Saudis aber für einen Wandel in Libyen ein. Unter dem Dach der Arabischen Liga stimmten sie sogar für eine militärische

Intervention gegen das Gaddafi-Regime. Im Kampf der Rebellen gegen den Diktator stellten sie sich auch in Libyen auf die Seite der radikalen Islamisten. Das schwerreiche Katar griff den islamistischen Kämpfern ebenfalls unter die Arme: finanziell, mit Waffenlieferungen und durch militärische Ausbildung. Aus Sicht des saudischen Königs ging es allerdings bei dem Exzentriker Gaddafi auch um die Begleichung einer persönlichen Rechnung. Der Oberst mit den Fantasieuniformen hatte nach saudischer Darstellung versucht, ein Attentat auf den damaligen Kronprinzen und späteren König Abdallah zu verüben. Außerdem hatte der streitsüchtige und unberechenbare libysche Führer den saudischen Monarchen auf einer der vielen arabischen Gipfelkonferenzen im Beisein aller gekrönten Häupter und Präsidenten zutiefst beleidigt.

In Bezug auf den Jemen hingegen war die saudische Haltung völlig anders. Dort unterstützten die Saudis den Präsidenten Ali Abdullah Salih gegen die Opposition. Gleichzeitig aber bauten sie eine alternative Führung in der Hauptstadt Sanaa auf, die mit dem saudischen Königshaus eng verbunden war. Mit anderen Worten, die Saudis arbeiteten aktiv für die Erhaltung des Status quo auf Kosten des demokratischen Wandels. Und zwar so lange, bis ein Wechsel der Verhältnisse auch in ihrem Interesse lag. In dem Aufstand gegen das Assad-Regime wiederum sahen die Saudis eine Gelegenheit, Syrien in das arabische Lager zurückzuholen, nachdem sich der syrische Präsident Baschar al-Assad immer weiter auf den Iran zubewegt hatte.

Die Veränderungen im politischen Bewusstsein der arabischen Bürger machen nicht vor den Toren der Golfmonarchien halt. Dafür sorgen schon die neuen Medien. Den gesellschaftlichen Wandlungsprozessen, die durch den Aufstand der Araber ausgelöst wurden, können sich die Ölländer am Golf nicht vollends entziehen. Sie versuchen dennoch, sich mittels gezielter Maßnahmen abzuschotten. So dürfen Muslimbrüder nicht in die Vereinigten Emirate einreisen, und ausländische Nichtregierungsorganisationen, die politische Bildungsprogramme anbieten, dürfen dort nicht mehr arbeiten.

Eine besondere Herausforderung für die absoluten Golfmonarchien stellen die Muslimbrüder mit ihrer Doktrin des *demokratischen* Islamismus dar. Schon die darin enthaltene relative Toleranz Andersgläubigen gegenüber, wie den Christen, ist für die religiösen Ultras in Saudi-Arabien inakzeptabel. Das wahhabitisch-salafistische Glaubens- und Staatsverständnis in seiner gegenwärtigen Ausprägung ist gänzlich unvereinbar mit der Idee der Trennung der Staatsgewalten und dem Grundsatz eines zivilen Verfassungsstaates, der auf den Prinzipien der Scharia fußt – so wie viele Muslimbrüder ihn vertreten. Kein Wunder also, dass die Saudis nicht nur die säkularen Revolutionäre zurückweisen, sondern ganz besonders die »Reformer«, die sich ideologisch aus dem »fortschrittlichen« politischen Islam speisen. Denn diese Islamisten könnten ihr gesamtes Gesellschaftssystem ins Wanken bringen.

Sonderfall Libyen

Als die NATO im Frühjahr 2011 ihre ersten Marschflugkörper gegen die Kommunikations- und Kommandozentren des Gaddafi-Regimes in Libyen abfeuerte, ging es offiziell darum, die vom UN-Sicherheitsrat sanktionierte Flugverbotszone zum Schutz der libyschen Zivilbevölkerung durchzusetzen. Es folgte ein siebenmonatiger Luftkrieg, an dessen Ende die NATO den Tyrannen in die Knie gebombt hatte. Das Ende des Regimes kam bald darauf. Trotz wütender Proteste aus Moskau und Peking hatte die NATO in Libyen unverdrossen den Regimewechsel herbeigebombt, ohne dazu vom Sicherheitsrat legitimiert zu sein. So handelte die westliche Allianz unter Führung Frankreichs und Großbritanniens militärisch zwar effizient und schonte dabei so gut es ging auch die libysche Bevölkerung. Aber die westlichen Politiker verschwendeten offenbar nur wenige Gedanken auf die Zeit, die nach dem Fall von Oberst Gaddafi kommen musste. Die Revolution hatte gesiegt, der »Nationale Übergangsrat« (NTC) trat an die Stelle des gestürzten Tyrannen und versprach, das »neue Libyen« aufzubauen. Doch das kommt einer Herkules-Aufgabe gleich. Denn in Gaddafis »Staat der Massen« gab es zwar eine »Regierung ohne Staat«, aber eben auch keine staatliche Verwaltung. Folglich existieren keine administrativen Strukturen, auf denen der Übergangsrat aufbauen könnte. Weit ist der Staatsaufbau bislang nicht gediehen.

Aber es sind nicht nur die objektiven Probleme, die die Entwicklung des ölreichen Libyen hemmen. Der Übergangsrat trägt sein Teil dazu bei. Das selbst ernannte Gremium nimmt ständig neue Mitglieder auf – im Mai 2012 waren es nicht weniger als 86 an der Zahl. Es besteht aus Islamisten, Stammesführern, Technokraten und Vertretern der Zivilgesellschaft und betreibt eine undurchsichtige Politik. Der Grund dafür liegt auch darin, dass viele unter diesen NTC-Mitgliedern politisch unerfahren und ideologisch verbohrt sind. All das untergräbt die Legitimität des Rates und erschwert dessen Austausch mit der Bevölkerung. Die vom Übergangsrat eingesetzten »Regierungen« haben nur eine kurze Lebensdauer und sind deshalb kaum handlungsfähig. Das Land versinkt in Anarchie, weil es der NTC nicht vermag, die zahlreichen Milizen, die während des Aufstands gegen Gaddafi entstanden sind, zu entwaffnen. Die Gesetzlosigkeit ist jedoch nicht auf den öffentlichen Raum begrenzt. Milliarden von Dollars, die von den eingefrorenen Konten im Ausland nach Libyen zurücküberwiesen wurden, sind offenbar aus dem staatlichen Schatzamt verschwunden. Hier handelt es sich um Unterschlagungen von gigantischen Ausmaßen. Im Mai 2012 drohte der libysche Finanzminister Hassan Ziglam mit seinem Rücktritt wegen der »Verschleuderung öffentlichen Vermögens«. Im Monat davor wurde das Programm zur finanziellen Entschädigung der Rebellen, die gegen das alte Regime gekämpft hatten, in Höhe von 1,4 Milliarden Dollar ausgesetzt: wegen des Verdachts auf massiven Betrug und schamlose Korruption.

Die Anarchie im Lande wirkt sich auch international aus. So können Migranten aus Afrika wegen fehlender Grenzkontrollen Libyen ungehindert durchqueren, um auf ihrem Weg nach Europa die Küsten des Mittelmeers zu erreichen. Selbst Terroristen von Gruppen, die Al-Qaida nahestehen, treiben in Libyen ihr Unwesen. Die »Abdul-Rahman-Brigaden« haben im Juni 2012 das US-Konsulat in Bengasi angegriffen. Es war ein Akt der Vergeltung, nachdem die USA den einflussreichen Al-Qaida-Mann Abu Yahya al-Libi mithilfe einer Drohne getötet hatten.

Libyen ist überschwemmt mit Waffen, und die oft undisziplinierten, martialisch auftretenden Kämpfer beanspruchen den Sieg der »Revolution« für sich. Der Regierung mit ihren Technokraten und zurückgekehrten Exilanten werfen sie vor, ihnen die Kriegsbeute vorzuenthalten. Beobachter sprechen von angeblich bis zu 400

Milizen in Libyen, einem Land mit 6,4 Millionen Einwohnern. Hier gibt es keine wirklich funktionsfähige Armee oder Polizeitruppe, keine Justiz oder sonstigen staatlichen Ordnungskräfte. Nur bewaffnete Milizen, die sich selbst die Autorität zuweisen, nach ihrem Gusto für »Sicherheit« zu sorgen. Oft treten sie gegeneinander an und kämpfen um die Kontrolle von Straßenzügen oder ganzen Städten. Bei anderen Kämpfen geht es um Geld, Stammesloyalitäten oder ethnische Gegensätze.

Manche dieser Milizen haben sich in den ehemaligen Garnisonsstädten Gaddafis neu gebildet und sind im Besitz von Hunderten von Panzern. Ob sie der neuen oder der alten Ordnung zuneigen, ist nicht klar auszumachen. Die Privatmilizen halten lange nach der Ermordung Gaddafis unverändert etwa 4000 Gefangene in ihrer Gewalt. Es handelt sich angeblich ausschließlich um alte Anhänger des gestürzten Tyrannen, die ohne Gerichtsverfahren in Geheimgefängnissen eingekerkert und Misshandlungen und Folter ausgesetzt sind. Diese Verhältnisse rufen die UN-Mission in Libyen auf den Plan. Allerdings können die UN-Mitarbeiter wenig daran ändern, solange die libysche Regierung die Milizen nicht in die Schranken verweist.

Wie wenig Autorität der NTC und sein Premierminister besitzen, zeigt der Fall einer Delegation des Internationalen Strafgerichtshofs aus Den Haag. Die drei Juristen und eine Dolmetscherin sind im Juni 2012 in die Stadt Zintan gereist, um Saif al-Islam, einen der Söhne Gaddafis, zu treffen. Der Gerichtshof hat gegen ihn ein Verfahren wegen des Verdachts auf Kriegsverbrechen eröffnet. Nach Presseberichten sollte es bei dem Treffen um die Vorbereitung der Verteidigung des Angeschuldigten gehen. Saif al-Islam befindet sich in der Gewalt des örtlichen Milizenchefs al-Atiri, dessen Leute ihn auf der

Flucht aufgespürt hatten. Der Milizionär beschuldigte die Delegation, sie sei im Besitz von Spionagematerial, und ließ sie daraufhin verhaften. Das Verlangen der libyschen Regierung, die Anwälte und ihre Dolmetscherin unverzüglich freizulassen, wies der Milizenboss zurück und verkündete, die Mitglieder der Delegation würden 45 Tage in einem Gästehaus festgehalten, um eine gründliche Untersuchung des Falles zu ermöglichen. Die Delegierten sind zwar inzwischen wieder freigelassen worden, aber das selbstherrliche Verhalten des Milizenchefs unterstreicht die mangelnde Durchsetzungskraft des herrschenden Exekutivkomitees des Landes.

Die militärische Intervention der USA und Europas sollte den Libyern die Möglichkeit eröffnen, eine menschenwürdige Gesellschaft aufzubauen. Die Beseitigung des Gaddafi-Regimes hat jedoch vor allem jene Elemente in der Gesellschaft nach oben gespült, die keinerlei Respekt vor rechtsstaatlichen Prinzipien besitzen. Das hängt gewiss auch mit der problematischen Bewaffnung aller möglichen Gruppen zusammen, deren Geisteshaltung man in den westlichen Kabinettsbüros überhaupt nicht einschätzen konnte. Hinzu kommt, dass alle Gegensätze, Rivalitäten und Differenzen in Libyen, die von Oberst Gaddafi brutal unter der Knute gehalten wurden, jetzt mit zerstörerischer Kraft aufeinanderprallen. Natürlich musste man eine solche Entwicklung im »neuen« Libyen fürchten, weil vierzig Jahre lang faktisch alle Entscheidungen im Lande von einem Dutzend Leuten gefällt und mit eiserner Faust durchgesetzt wurden.

»Die Freunde Libyens«, die sich während des Krieges gegen Gaddafi auf die Seite der Aufständischen stellten, hätten sich stärker mit ihrem Rat und dem Angebot praxisorientierter Verwaltungskurse engagieren müssen, um den Aufbau ziviler Einrichtungen zu fördern und Wege zur nationalen Einheit aufzuzeigen. Schließlich gehörte eine Reihe von hochentwickelten Staaten zu diesem »Freundeskreis«. Doch als der NTC eine seiner wenigen Leistungen vollbracht hatte, nämlich die Öllieferungen wieder auf das vorrevolutionäre Niveau anzuheben, haben sich die meisten »Freunde« in Tripoli nicht mehr blicken lassen.[54]

Die islamistischen Rebellen spielten beim Aufstand gegen Oberst Gaddafi eine entscheidende Rolle. Ihr Einfluss im »neuen« Libyen ist schon allein deshalb nicht zu übersehen, weil sie im Nationalen Übergangsrat nicht nur vertreten sind, sondern mit Mustafa Abd el-Dschalil auch den Vorsitzenden stellen. Nach dem »Sieg« über das Gaddafi-Regime sprach er in seiner *Befreiungsrede* von der »überragenden Rolle« der Scharia und erklärte die Polygamie für legitim.

Die Muslimbrüder sind auch in Libyen die am besten organisierte Gruppe und sie finden ihren Rückhalt in dem konservativ islamisch geprägten Teil der Bevölkerung. Die ultraorthodoxen Salafisten sind weniger strukturiert und straff geführt, dafür aber zahlreicher als die Mitglieder der Muslimbruderschaft.[55] In ihren Reihen finden sich, wie in Tunesien und Ägypten, militante Elemente mit einer ausgeprägten religiösen Intoleranz, vor allem auch gegenüber den gemäßigten Sufi-Muslimen. Im März 2012 versuchten diese salafistischen Extremisten ein religiöses Zentrum der Sufis in der Stadt Zlitan, 160 Kilometer westlich von Tripoli, zu zerstören. Nur ein heftiger Sandsturm verhinderte das Vorhaben der religiösen Fanatiker. Die libyschen Muslimbrüder und die ultraorthodoxen Salafisten fordern nachdrücklich, die neue Rechtsordnung müsse einen klaren Bezug zum Islam haben, und diese islamische Referenz solle in der künftigen Verfassung verankert werden. Die Forderung der Islamisten nach einem religiös bestimmten Staatswesen weisen die säkular orientierten Libyer in aller Schärfe zurück. Sie bestehen auf einem zivilen Staat, der allenfalls von den Prinzipien der Scharia inspiriert sein dürfe. Der Streit in dieser Grundsatzfrage wird jenen Prozess der politischen und ideologischen Polarisierung vorantreiben, der das »neue« Libyen ohnehin schon zutiefst entzweit. Das gilt umso mehr, als Kenner Libyens davon ausgehen, dass die Islamisten, mit den frommen Brüdern an der Spitze, künftig einen starken Einfluss geltend machen werden.

Am 7. Juli haben die Libyer ihre neue Nationalversammlung gewählt. Sie soll den Übergangsrat ersetzen und eine Regierung ernennen. Die Menschen in Libyen hoffen, dass die Wahlen eine anerkannte Regierung hervorbringen, die die Bevölkerungsgruppen glaubwürdig vertritt und dazu fähig ist, die Milizionäre ihrer Autorität zu unterstellen.

Überraschenderweise hat die gemäßigte Wahlallianz des in Amerika ausgebildeten Wirtschaftsexperten Mahmud Dschibril die islamistischen Parteien deutlich geschlagen. Vor allem die libyschen Muslimbrüder mussten eine empfindliche Niederlage hinnehmen. Der Trend zu selbstverständlich erscheinenden Wahlerfolgen der Islamisten, wie in den Nachbarländern Tunesien und Ägypten, scheint somit vorerst gebrochen. In Libyen jedenfalls haben besonders die wahlentscheidenden jungen Wählerinnen und Wähler für die »Allianz der nationalen Kräfte« votiert. Sie entschieden sich damit für eine Gruppe von 58 Parteien und Organisationen, die wirtschaftsorientiert und überwiegend säkular ausgerichtet sind, aber auch Stammesinteressen vertreten. Da die politischen Parteien sich jedoch nur um 80 der insgesamt 200 Sitze der neuen Nationalversammlung bewerben konnten, ist die Zusammensetzung und die ideologische Ausrichtung der künftigen Regierung Libyens noch offen. Denn die verbleibenden 120 Sitze gehen an unabhängige Kandidaten, deren politische Orientierung schwer einzuschätzen ist. Die Bildung von Koalitionen wird dadurch kompliziert.

Libyen besitzt einen enormen Reichtum an Bodenschätzen. Abgesehen von den großen Gasreserven verfügt das geografisch weite, doch demografisch kleine Land über die fünftgrößten Erdölvorkommen der Welt. Entsprechend der gegenwärtigen Förderungsrate könnte Libyen noch weit über siebzig Jahre Öl von herausragender Qualität exportieren, das zudem noch zu geringen Kosten gewonnen werden kann. Bei der geringen Bevölkerungszahl von 6,4 Millionen Menschen sind die grundsätzlichen Voraussetzungen für ein potenziell blühendes Wirtschaftswunderland Libyen zweifellos gegeben. Wären da nicht die Begehrlichkeiten der widerstreitenden Kräfte angesichts der märchenhaft erscheinenden Reichtümer.

Nur wenn es gelingt, die öffentliche Sicherheit herzustellen und eine Übereinstimmung über die politische und kulturelle Identität des Staates zu erzielen, hat Libyen eine gute Zukunft.

Die syrische Tragödie: Freiheitskampf oder Religionskrieg

BEIRUT, IM HERBST 2011

Paul Salem, Direktor einer angesehenen Denkfabrik, des Carnegie Middle East Centers in Beirut, kennt die levantinischen Verhältnisse wie seine Westentasche. Er hat die Politik sozusagen im Blut, denn sein Vater Elie war nicht nur Politikprofessor, sondern von 1982 bis 1988 auch Außenminister der libanesischen Republik. Pauls Büro ist in der Emir-Bechir-Straße mitten in der historischen Altstadt Beiruts. Aus seinem Fenster im neunten Stock des Lazarieh Towers schaut man direkt auf die St.-Georg-Kathedrale und die Al-Amin-Moschee. Die Kathedrale ist Hauptsitz der maronitischen Erzdiözese Beirut. Sie ist im Jahr 1898 geweiht worden, also zu einer Zeit, als Beirut noch unter osmanischer Herrschaft stand und der Libanon zur Provinz Syrien gehörte.

Bis in die Gegenwart hinein ist der bedeutende syrische Einfluss in dem kleinen Nachbarland spürbar. Und um das heutige Syrien dreht sich unser Gespräch: Um das Assad-Regime, das Volk, das dagegen rebelliert, doch auch um jene Syrer, die nicht auf der Seite der Rebellen stehen. Und natürlich um die Frage, wer den Konflikt von außen beeinflusst; und zwar auf regionaler, innerarabischer und auch auf internationaler Ebene. Schließlich spielt Syrien im Nahen Osten eine wichtige Rolle. Wie so oft in der Levante gibt es auch in der Konfrontation, die sich auf syrischem Boden abspielt, keine einfache Konfliktlinie. Doch nicht nur in Syrien, sondern auch im Libanon, im Irak, Jordanien und in der Türkei haben wir es mit unterschiedlichen Völkerschaften, Kulturen und religiösen Bekenntnissen zu tun.

In Syrien, so sagt Paul Salem, herrsche zudem ein erhebliches Stadt-Land-Gefälle und daraus resultiere eine zugespitzte soziale Schieflage, die den Ausbruch der Proteste gerade in der Provinz erkläre: »Die ländlichen Gebiete in Syrien sind in den letzten zehn Jahren in eine verzweifelte Situation geraten. Dafür gibt es eine Reihe von Ursachen. Darunter auch die Wirtschaftspolitik des Regimes, die diesen Raum sträflich vernachlässigte. Die Aufkündigung staatlicher Wohlfahrtsleistungen, der Klimawandel und die anhaltende Trockenheit – das alles trug zum Niedergang der Gebiete bei. Zusätzlich wirkten sich bestimmte sozioökonomische Gegebenheiten aus. Mit dem Rückzug der syrischen Armee aus dem Libanon im April 2005 mussten sich auch die zahlreichen Geheimdienstorganisationen ein neues Betätigungsfeld in ihrer Heimat suchen. Sie machten sich in den syrischen Provinzen breit.«

Während ihrer Zeit als die »Herrn des Libanon«, führt Salem aus, hätten sie sich zu einem korrupten und brutalen Haufen entwickelt. Zurück in Syrien, formierten sich die »Sicherheitsleute« auf dem Lande neu und errichteten ein repressives Regime zur reinen Geldbeschaffung. Die syrische Revolte hat sich vor allem auf dem Lande ausgebreitet, und zwar in den überwiegend sunnitisch bewohnten Gebieten; lange Zeit war davon in den beiden Metropolen, Damaskus und Aleppo – wo nahezu die Hälfte der syrischen Bevölkerung lebt –, nichts zu spüren.

Doch was ist das für ein Regime, gegen das sich vor allem so viele junge Syrer wenden?

Paul Salem erklärt: »Präsident Baschar al-Assad steht an der Spitze des Regimes, doch er ist nicht das Regime.

Er verfügt über einen Teil der Macht, aber er hat nicht alles unter Kontrolle wie vor ihm sein Vater Hafiz. Das heißt natürlich nicht, Baschar sei unschuldig an dem, was geschieht. Genauso wenig wie seine engere Familie, zu der seine Mutter, seine ältere Schwester und sein jüngerer Bruder Maher gehören. Aber Geheimdienstbosse, die obersten Ränge der Baath-Partei (Staatspartei) und ein paar Milliardäre üben zusammen eine Art Mafiakontrolle über das ganze Land aus. Sie sind es, die die Ressourcen Syriens selbstherrlich ausbeuten. Diese Leute sind nicht bereit, daran etwas zu ändern, und sie sind brutal. Das Regime ist nicht fähig, aus sich selbst heraus einen anderen Weg einzuschlagen. Die Bevölkerung revoltiert – jedoch nicht als Ganzes. Die Minderheiten haben Angst. Sie fürchten die Machtalternative der militanten Islamisten. Das gilt auch für viele Christen. Einige Protagonisten, die Minderheiten angehören, sind selbst mit dem Regime verbündet. Außerdem stehen viele der sunnitischen Kaufleute in Damaskus und Aleppo nicht auf der Seite der Rebellen. Denn sie profitieren seit Jahrzehnten von ihrer Kooperation mit dem Regime. Und sie fürchten vielleicht auch die in Syrien mögliche islamistische Machtalternative.

So ist die Lage: ein Regime, das scheitert, und eine Revolution, die nicht gewinnt. Beide Seiten machen weiter, beide haben Probleme. Anders als in Ägypten oder in Tunesien ist das Regime nicht gespalten oder auseinandergefallen. In Kairo hat die Armee zu Präsident Mubarak gesagt: ›Auf Wiedersehen!‹ Die Armee in Tunis wiederum hat Präsident Ben Ali klargemacht: ›Vielen Dank. Aber jetzt steig ins Flugzeug und verschwinde von hier!‹« In Syrien werde das System von den hohen alawitischen Offizieren, führenden Kadern der Baath-Partei, den Geheimdiensten und einigen Milliardären dominiert. Sie seien die Säulen der Macht. Diese Kräfte wüssten, dass sie »entweder zusammen schwimmen oder zusammen untergehen. Sie sind zusammengeschweißt, weil ihre Existenz von ihrer Einheit abhängt. Sie alle sind eine Mafia, und bisher haben sie als Regime überlebt. Die Wirtschaft leidet durch die Sanktionen merklich – sie blutet, aber sie kollabiert nicht. Noch nicht. Das Regime ist auch nicht völlig isoliert. Syrien treibt unverändert Handel mit dem Irak, der Türkei, dem Libanon, Jordanien und dem Iran. Trotz der vom Westen verhängten Sanktionen. Damaskus wird zudem vom Iran mit Rat und Tat unterstützt, von Russland mit Waffen beliefert und von Moskau und Peking politisch im UN-Sicherheitsrat abgeschirmt.«

Ob die herrschende Clique sich langfristig halten kann? Salem glaubt es nicht.

Kann man mit diesen Leuten verhandeln? »Sie haben kein allzuständiges Oberhaupt, das verbindliche Vereinbarungen für die ›ganze Mafia‹ treffen könnte. Sollte das Regime fallen, dann erwarte ich, dass es den syrischen Staat mit in die Tiefe zu reißen versucht. Die nationale Einheit wird dabei womöglich auf der Strecke bleiben. Die Machthaber werden alles daransetzen, ein Land zurückzulassen, das in einem Zustand ist wie der Irak nach der amerikanischen Invasion 2003 oder der Libanon nach Ausbruch des libanesischen Krieges 1975. Hier reden wir nicht nur von einem Regimewechsel, sondern vom Kollaps des Staates insgesamt. Es wird eine Situation eintreten, in der die Gesellschaft Syriens, ja die syrische Nation auseinanderfällt. Dann gibt es ein Gebiet der Alawiten, ein sunnitisches Gebilde, einen Bereich, den die Drusen kontrollieren und so weiter. Alle religiösen und ethnischen Gemeinschaften werden ihre eigenen Milizen unterhalten. Ich nehme an, so sieht der Plan des Regimes aus. Das ist die bevorzugte Option für den

Fall, dass die Herrschenden endgültig in die Sackgasse geraten.

Dabei muss man sich vergegenwärtigen, dass in Syrien eine Vielzahl von Volksgruppen lebt. Um zu verdeutlichen, welch eine ethnische und religiöse Vielfalt die syrische Gesellschaft aufweist, kann ich es Ihnen nicht ersparen, die lange Reihe der Gemeinschaften aufzuzählen: muslimische Kurden, muslimische Tscherkessen, muslimische Turkmenen, christliche Armenier, assyrische Christen, orthodoxe Christen, Katholiken und Protestanten. Zu den Minderheiten gehören ferner die Drusen, die Ismailiten und die Alawiten (Nusairier), die allesamt auf den schiitischen Islam zurückgehen. Nicht zu vergessen sind die kurdischen Jesiden, die ihre Wurzeln in den Lehren der Zoroastrier haben und wegen ihrer Scheu, den Namen des Satans auszusprechen, von den Muslimen auch ›Teufelsanbeter‹ genannt werden. Syrien ist eines der wenigen Länder in der Region, wo noch Aramäisch gesprochen wird – die regionale Lingua franca zur Zeit Jesu Christi. Die große Mehrheit der arabischen Syrer aber sind sunnitische Muslime.

Das Regime weiß, wie man diese heterogenen Gruppen gegeneinanderhetzt, wenn es ihm notwendig erscheint. Im Libanon haben seine Handlanger den Zerfall des Landes erfolgreich mit herbeigeführt und diesen Zustand viele Jahre mithilfe der syrischen Besatzungstruppen aufrechterhalten, assistiert von den Schergen ihrer Geheimdienste. Seither verwenden wir den Begriff der ›Libanisierung‹, wenn es um das Auseinanderfallen eines Staatswesens geht. Im Irak hat das syrische Regime auch tatkräftig zu einer ›Libanisierung‹ beigetragen. Das taten sie, um den Aufbau einer liberalen, prowestlichen Demokratie zu vereiteln, nachdem die Amerikaner Saddam Hussein 2003 gestürzt hatten.

Das Vorgehen des syrischen Regimes im Irak war natürlich auch im Sinne seines strategischen Partners Iran, der im Zweistromland seinen eigenen Einfluss zur Geltung bringen wollte – auf Kosten der säkularen Iraker und natürlich der Amerikaner. Nur in Syrien selbst hat das Assad-Regime den säkularen Charakter des Staates proklamiert, um eben diese schlummernden religiösen Gegensätze nicht in einen offenen Konflikt umschlagen zu lassen, solange ihm das selbst geschadet hätte.

An den Schalthebeln der Macht in Damaskus sitzen überwiegend Alawiten. Sie bilden eine Gemeinschaft von knapp drei Millionen Menschen, das sind etwa zwölf Prozent der syrischen Bevölkerung. Die Alawiten bekennen sich zu einer im Mittelalter entstandenen Geheimsekte, die aus dem schiitischen Islam heraus entstanden ist – ähnlich wie bei den Ismailiten und Drusen, die auch schiitische Wurzeln haben. Die kleine Minderheit hat Jahrhunderte der Verfolgung wegen ihres Glaubens überstanden; sie wird immer noch von manchen sunnitisch-orthodoxen Muslimen als häretisch verunglimpft. Nicht zu verwechseln sind die Alawiten übrigens mit den Aleviten in der Türkei, die einer anderen Glaubenslehre anhängen.«

»Sie fragen sich vermutlich«, sagt Salem, »wie aus den verfolgten Ketzern die Herrn Syriens werden konnten, eines Landes, das zu über siebzig Prozent von sunnitischen Muslimen bewohnt wird. Die kurze Antwort lautet: Hafiz al-Assad, der Vater des amtierenden Präsidenten, putschte sich 1966 zusammen mit anderen Offizieren an die Macht und errang 1970 als Verteidigungsminister mit einem weiteren Staatstreich die alleinige Herrschaft über Syrien. Der alawitische Clanchef Hafiz al-Assad sicherte in der Folgezeit einer privilegierten Gruppe aus den Reihen seiner Glaubensbrüder die Macht über die wichtigsten Einrichtungen im Staat, beim Militär und den Geheimdiensten. Da Hafiz al-Assad selbst einer Minderheit angehörte, legte er es darauf an, die Loyalität anderer religiöser Minderheiten zu gewinnen, indem er ihnen die freie Religionsausübung garantierte. Besonders die Christen fühlten sich unter seiner Herrschaft (1970 bis 2000) sicher vor möglichen Übergriffen militanter sunnitischer Muslime. Die Voraussetzung für den sozialen Aufstieg der alawitischen Underdogs indes schaffte die französische Kolonialmacht, die den Alawiten nach dem Ersten Weltkrieg die Möglichkeit eröffnete, die Offizierslaufbahn beim syrischen Militär einzuschlagen.

Mein kleiner Exkurs mag zu verstehen helfen, in welchem historischen Kontext die Protagonisten des Assad-Regimes agieren. Die zutiefst verwurzelten Verfolgungsängste ihrer alawitischen Glaubensbrüder, die übrigens in ihrer Mehrheit nicht aus dem angestammten ärmlichen Dasein aufsteigen konnten, manipulieren sie zum Zwecke ihres eigenen Machterhalts. Und zwar in dem Sinne, als sie ihnen den Ketzerfluch der militanten Sunniten drohend vor Augen führen, der ihre physische Existenz infrage stellt. ›Ihr oder sie‹, darauf verdichten sich ihre Hetztiraden, die auch bei vielen Christen in Syrien nicht ohne Wirkung bleiben. Dabei kommt dem Regime natürlich entgegen, dass aufseiten der Rebellen auch militante salafistische Kämpfer aktiv sind, deren Hass gegen Andersgläubige kein Geheimnis darstellt.

Um diesen Punkt abzuschließen, möchte ich nochmals bekräftigen, dass das alawitische Regime, den eigenen Untergang vor Augen, alles daransetzen wird, Syrien vollends ins Chaos zu stürzen. Das würde auch für die Nachbarn böse Folgen haben: für den Libanon, die Türkei, Jordanien und Israel. In einer solchen Lage würde zudem die kurdische Frage eine bedeutende Rolle spielen.

Denn die syrische Grenzregion zum Irak ist überwiegend von Kurden bevölkert. Und im Irak gibt es ja schon seit Jahren ein autonomes Kurdistan. Da die Türkei, aber auch der Iran bedeutende kurdische Volksgruppen haben, deren Rechte missachtet werden, birgt eine Eskalation in diesem Gebiet erheblichen Sprengstoff.«

Paul Salem macht eine Pause, dann fährt er mit einem Blick auf die Uhr fort: »Bevor wir unser Gespräch beenden, möchte ich aber noch auf einen besonderen Aspekt eingehen, der die schiitisch-sunnitische Rivalität und damit die verdeckte Konfrontation zwischen dem ultrakonservativen Saudi-Arabien und dem ›revolutionären‹ Iran betrifft.

Sollte nach dem Zusammenbruch des Assad-Regimes wider Erwarten ein anderes Szenario eintreten, das in relativ kurzer Zeit den Aufstieg eines neuen Regimes siegreicher sunnitischer Rebellen mit sich brächte, so könnte dies vor allem zu Lasten iranischer Interessen in der Levante gehen. Denn eine strikt prosunnitische Politik wäre gleichbedeutend mit einer antischiitischen Haltung, die ganz auf der Linie Saudi-Arabiens läge. Die Saudis wollen ihren schärfsten Rivalen, den schiitischen Iran, schon lange aus Syrien und dem Libanon vertreiben. Vom iranischen Einfluss in Damaskus war bereits die Rede. Und in Beirut regiert gegenwärtig ein Kabinett, das vom Gutdünken der schiitischen Hisbollah (›Partei Gottes‹) abhängt. Diese Bewegung ist ein ideologisches Ziehkind der iranischen Mullahs; die Hisbollah-Miliz wird von Teheran schon seit 1982 bewaffnet, militärisch ausgebildet und finanziert. Hisbollah ist zwar eine Massenbewegung libanesischer Schiiten und verfolgt nach innen eine entsprechende Interessenpolitik. Doch darüber hinaus dient die Organisation mit ihrem hochgerüsteten Militärapparat den Herrschern in Teheran als Speerspitze gegen Israel und gegen arabische Widersacher. Hisbollah fungiert somit als außenpolitischer Arm des iranischen Gottesstaates mitten im Herzen der arabischen Welt.

Das soll sich nach dem Willen der Saudis jedoch baldmöglichst ändern – eine Strategie, die voraussetzt, dass die sunnitischen Sieger nach dem Sturz des Assad-Regimes noch ein Staatsgebilde in Syrien vorfinden. Das möchte ich, wie gesagt, infrage stellen. Aber wenn dieser Fall wider mein Erwarten einträte, könnte Hisbollah als bewaffnete Macht in der gegenwärtigen Form nicht lange überleben, weil sie logistisch vom syrischen Hinterland abgeschnitten wäre. Das würde auch die politischen Verhältnisse im Libanon komplett verändern. Denn die libanesischen Sunniten würden erstarken – mit ihren syrischen Glaubensbrüdern im Rücken. Die schiitische Hisbollah indes wäre entscheidend geschwächt, weil ihr iranischer Schutzherr den Libanon nicht mehr über Syrien erreichen könnte.«

Syrische Flüchtlinge im libanesischen Grenzgebiet

TRIPOLI/SYRISCHE GRENZE, HERBST 2011

Wir fahren in den frühen Morgenstunden die Küstenstraße von Beirut aus in Richtung Norden. Als wir nach ungefähr neunzig Kilometern die Hafenstadt Tripoli hinter uns gelassen haben, sind jenseits der irgendwo im morgendlichen Dunst verborgenen Grenze nur schemenhaft die Umrisse der syrischen Hafenstadt Tartus auszumachen. Dort befindet sich die einzige Versorgungsstation für Russlands Flotte im Mittelmeerraum. Moskau braucht die Anlaufstelle für seine Kriegsschiffe, die im Mittelmeer oder am Horn von Afrika operieren, um Proviant und Wasser zu bunkern oder kleinere Reparaturen auszuführen. Da die russische Führung unter Wladimir Putin großen Wert darauf legt, den postsowjetischen Großmachtanspruch Moskaus zu untermauern, dient der syrische Tiefseehafen in Tartus auch als Symbol für die Reichweite der russischen Kriegsmarine. So stellt es jedenfalls Ruslan Aliew dar, der in Moskau das angesehene Zentrum für strategische Analysen (CAST) leitet.[56] Allerdings scheint Tartus mit seiner guten Verkehrsanbindung auch als Empfangshafen für russische Waffenlieferungen an das syrische Regime zu dienen.

Die russische Syrien-Politik, auf die wir später zurückkommen, geht mir noch durch den Kopf, als wir längst an Gewächshäusern, hohem Schilfgras, Feldern und vereinzelten Beduinenzelten vorbeifahren. Hier im libanesisch-syrischen Grenzgebiet leben vor allem sunnitische Muslime, aber es gibt auch christliche Dörfer und Orte mit muslimisch-christlicher Bevölkerung. Im Dorf Tal Abbas Gharbi sitzen die alten Männer regungslos vor ihren Häusern, den Gehstock zwischen den Beinen. Das maronitische Dorf Akroun liegt rund zehn Kilometer von der syrischen Staatsgrenze entfernt. Von dort schauen wir über grün schimmernde Olivenhaine auf karstige Berghügel, auf denen Relaisstationen installiert sind. Die karge Landschaft lässt das schwere Los der örtlichen Bevölkerung erahnen. Kurz vor dem Grenzübergang drehen wir ab und fahren ein Stück parallel zum Grenzverlauf, bis wir am Fuße eines Hügels auf der anderen Seite des kleinen Grenzflusses Nahr el Kebir ein syrisches Dorf sehen. Eine alte Bogenbrücke aus behauenem Naturstein ermöglicht in friedlichen Tagen den Übergang von der libanesischen zur syrischen Seite in das Dorf Tel Kalach. Aber jetzt ist er mit einem hoch aufgeworfenen Sandhaufen blockiert. Vom Dach eines weißen Hauses flattert die syrische Fahne, und wir machen einen syrischen Soldaten aus, der uns wiederum mit einem Fernglas beobachtet.

Das libanesische Dorf, in dem wir uns befinden, heißt Wadi Khalid. Hier ist Schmuggelgebiet, wie wir hören. In friedlichen Zeiten verdienen die Männer von Wadi Khalid ihr Geld mit syrischem Dieselöl, das sie illegal über die Grenze schaffen, weil es erheblich billiger ist als im Libanon. Jetzt ist die Einnahmequelle versiegt, weil es viel zu gefährlich wäre, die Grenze zu überqueren.

Ein Mann aus dem Dorf ist zu uns getreten. Er zeigt auf ein syrisches Haus jenseits des Flusses, auf dessen Flachdach Wäsche aufgehängt ist. Dieselbe Wäsche hänge nun schon seit zehn Tagen dort, sagt er. Er glaube, damit solle der Eindruck erweckt werden, dieser Teil des syrischen Dorfes sei noch bewohnt. In Wahrheit seien die Menschen von dort geflohen.

Wir sind hier hergekommen, weil in Wadi Khalid syrische Flüchtlinge versammelt sind, mit denen wir sprechen wollen. Sie werden vom UNHCR, der Flüchtlingshilfsorganisation der Vereinten Nationen, betreut. Die Frauen und Kinder sind in einer Schule untergebracht und zum Teil schon seit einigen Monaten in Wadi Khalid, erzählt uns der Mukhtar (Bürgermeister). Er empfängt uns mit einem Glas Tee auf der einfachen Terrasse seines Hauses, die durch ein Schilfdach vor der Sonne geschützt ist. Der Mukhtar ist ein schlanker Mittvierziger mit zurückgekämmtem, gegeltem Haar und einem akkurat gestutzten Schnäuzer. Er trägt ein blau-rot-weiß gestreiftes Oberhemd mit Brusttasche, in der zwei Kugelschreiber stecken. Seine modisch geschnittene graue Jeans fällt auf blitzblank geputzte Schuhe. Sein Aussehen und sein souveränes Auftreten stehen in auffälligem Kontrast zu der ärmlichen Umgebung, den schüchternen Flüchtlingsfrauen und ihren halbwüchsigen Töchtern. Sie alle haben die Haare mit einem Kopftuch bedeckt, tragen Hosen und darüber einen Rock. Die Mädchen kichern, als der Bürgermeister uns sagt, dass die Flüchtlingskinder am nächsten Morgen ihren ersten Unterrichtstag in der libanesischen Dorfschule erleben werden. Das habe das UNHCR zusammen mit dem Schulministerium organisiert. Es sei höchste Zeit für diese Maßnahme, weil die Kinder nun schon lange von zu Hause fort und monatelang nicht mehr unterrichtet worden seien. Dann verabschiedet sich der Bürgermeister, er hat einen Termin mit den Vertretern der UN-Hilfsorganisation.

Die meisten Flüchtlinge kommen aus der Stadt Homs oder aus der Gegend um Homs in Zentralsyrien. Dort leben überwiegend sunnitische Syrer. Homs steht im Mittelpunkt des Aufstandes und ist von Beginn an ein bevorzugtes Ziel der bewaffneten Kräfte des Regimes gewesen. Hinter uns haben sich einige junge Burschen postiert, die sich bemerkbar machen, nachdem der Bürgermeister gegangen ist. Mohammed ist 19 Jahre alt, glatt rasiert und kommt auch aus Homs. Er äußert sich sehr selbstbewusst und apodiktisch: »Die einzige Lösung ist die Bewaffnung der Freien Syrischen Armee. Die Opposition kann das Regime nur durch Waffengewalt stürzen, so wie in Libyen. Deshalb brauchen wir auch in Syrien eine Flugverbotszone. Das Assad-Regime will uns einen Religionskrieg aufzwingen, den wir ablehnen. Wir sind gegen das Regime, aber nicht gegen die Alawiten im Allgemeinen.«

Was speist ihre Hoffnung, gegen das Regime bestehen zu können, wollen wir wissen.

»Wir setzen unsere Hoffnung in Gott, nicht in den Westen«, antwortet Mohammed und fährt fort: »Präsident Obama wird erst im letzten Moment, wenn Baschar (al-Assad) am Ende ist, wirklich aktiv werden. Wir fragen uns, warum Amerika die syrische Revolution nicht stärker unterstützt. Schließlich sind die USA doch mit dem Iran und Hisbollah verfeindet, und ein Sieg der Revolution in Syrien würde dem Iran und Hisbollah schaden. Sie hätten dann hier in Syrien keinen Platz mehr. Wir sind davon überzeugt, dass der Iran und Hisbollah dem Assad-Regime massiv helfen. Hassan Nasrallah, der Chef der libanesischen Hisbollah, spielt hierbei eine wichtige Rolle. Außerdem sind iranische Revolutionsgardisten hier in Syrien an der Seite der Sicherheitsorgane aktiv.«

Uns interessiert, warum seiner Meinung nach die Menschen in Syrien gegen das Regime aufstehen. Da antwortet Mohammed wie aus der Pistole geschossen: »Das Unrecht, die Unterdrückung, die Missachtung der Menschenwürde und die Willkür des Regimes. Und: Wer arm ist, ist Freiwild für die Leute des Regimes.« Hier stimmt Abdallah zu. Er ist ein paar Jahre älter als Mohammed und etwas ruhiger und überlegter. Er trägt einen kurzen Bart und ist erst vor sechs Monaten aus dem gegenüberliegenden Dorf geflohen. Auf die Frage, welchen Platz die syrischen Muslimbrüder bei dem Aufstand einnehmen, antwortet Abdallah nur: »Sie spielen keine führende Rolle, auch nicht im organisatorischen Bereich.« Auf wiederholte Nachfragen, wie stark andere sunnitische Islamisten am syrischen Widerstand beteiligt sind, geht Abdallah nicht ein. Entweder will er es nicht sagen oder er weiß nicht genug darüber.

Das Gespräch ist eine Momentaufnahme. Und als solche vermittelt es einen Eindruck von der Denkweise junger Syrer, die sich zwar nicht an dem Aufstand beteiligen, aber doch unbedingt den Sturz des Regimes sehen wollen. Bemerkenswert ist vor allem, wie stark sie die politische Allianz des Assad-Regimes mit dem schiitischen Iran und der schiitischen Hisbollah beschäftigt und wie heftig ihre Ablehnung dagegen ausfällt.

Inzwischen ist einige Zeit vergangen. Doch auch im Sommer 2012 ist klar erkennbar, dass der syrische Konflikt weit über die Landesgrenzen hinaus reicht. Während das alawitische Regime in Damaskus vom Iran und der Hisbollah tatkräftig unterstützt und von Moskau unverändert mit Waffen beliefert wird, erhalten die sunnitischen Rebellen Beistand von den sunnitischen Golfstaaten Katar und vor allem Saudi-Arabien. Die Saudis wollen das Assad-Regime stürzen und am liebsten ein sunnitisch-fundamentalistisches System an seiner Stelle sehen. Um Freiheit und Demokratie geht es den saudischen Herrschern selbstverständlich nicht. Das belegt die von ihnen mit betriebene Unterdrückung der schiitischen Opposition in Bahrain. Saudi-Arabien will vielmehr den Iran schwächen, indem es Syrien aus der Allianz mit Teheran herausbricht. Dieses Ziel verfolgen ebenfalls die Amerikaner. Und so überrascht es nicht, dass die Saudis und die Kataris von Amerika bei ihren Waffenlieferungen an die Rebellen operative Hilfe durch den CIA erhalten. Diese Aktivitäten finden im türkischen Grenzgebiet statt, wo Ankara auch einige Zehntausend syrische Flüchtlinge in Lagern untergebracht hat. Daneben beherbergt die türkische Regierung jene syrischen Soldaten und Offiziere, die von der Fahne gegangen sind und sich zur »Freien Syrischen Armee« verbunden haben.

Der syrische Krieg

MÄRZ 2011/SOMMER 2012

Die Unruhen begannen wie aus heiterem Himmel im März 2011 in der syrischen Stadt Deraa im Süden des Landes, nahe der jordanischen Grenze. Was war geschehen? 14 Schüler hatten in ihrem jugendlichen Leichtsinn die aus Tunesien und Ägypten bekannte Parole »Das Volk verlangt den Sturz des Regimes« auf eine Hauswand gemalt. Dafür waren sie wie Schwerverbrecher verhaftet und wohl auch misshandelt worden. Als der Geheimdienst die Schüler länger festhielt, versammelte sich die örtliche Bevölkerung zu einem friedlichen Protestmarsch und forderte die Freilassung der Kinder und Jugendlichen. Die Demonstranten verbanden das mit dem Ruf nach Demokratie und mehr Freiheit. Sie gingen allerdings nicht so weit, den Rücktritt von Präsident Baschar al-Assad zu fordern.

Dennoch: Das Verlangen syrischer Bürger nach freier Meinungsäußerung war schon zu viel für das Regime. Als die Menschen in Deraa am 18. März nach dem Freitagsgebet durch die Innenstadt zogen, eröffneten bewaffnete Kräfte des Regimes das Feuer auf die Demonstranten. Sie töteten vier Personen. Am nächsten Tag ließ das Regime auf die Teilnehmer des Trauerzuges für die Opfer schießen. Wiederum töteten sie einen Menschen.

Innerhalb weniger Tage spitzte sich die Lage in der Stadt zu. Ein friedlicher Protestzug folgte dem nächsten, und schließlich verloren die örtlichen Sicherheitsorgane die Kontrolle. Ende März 2011 rückte die Vierte Panzerdivision der Armee unter dem Kommando von Maher al-Assad, dem Bruder des Präsidenten, in Deraa ein, um den Protesten mit rücksichtsloser Gewalt ein Ende zu machen. Dutzende unbewaffneter Demonstranten wurden getötet, Panzer beschossen mehrere Wohnviertel, und Soldaten stürmten Privathäuser, um die Teilnehmer an den Demonstrationen in ihre Gewalt zu bringen.

Doch das brutale Vorgehen des Regimes erwies sich als kontraproduktiv. Statt die Unruhen in Deraa zu beenden, breiteten sich die Proteste auf andere Städte quer durch Syrien aus. In Banias, Homs, Hama und sogar in ein oder zwei Vorstädten von Damaskus gab es Protestmärsche. Die Armee schlug überall mit derselben Härte zu, und das Regime machte von Beginn an »bewaffnete Banden und Terroristen« für die Unruhen verantwortlich. Mitte Mai 2011 lag die Zahl der getöteten syrischen Bürger nach Angaben der UNO bei eintausend.

Wie in anderen arabischen Ländern gingen die Demonstranten auch in Syrien anfangs friedlich auf die Straße, um ihre politischen Forderungen auszudrücken. Damit überwanden sie die seit Generationen bestehende Kultur der Angst und Schicksalsergebenheit. Selbst die tödlichen Schüsse der Armee hielten die meist jungen Leute nicht davon ab, ihre Meinung zu artikulieren und nach Freiheit und Arbeit zu rufen. An dieser Stelle sei erwähnt, dass das Durchschnittsalter der 21 Millionen Syrer bei nur 21,5 Jahren liegt und mindestens 24 Prozent der Jugendlichen arbeitslos sind.

Der gewaltlose Widerstand gegen das Regime bestimmte relativ lange die Lage in den Unruhegebieten. Niemand rief in dieser Phase zum bewaffneten Kampf auf oder verlangte eine militärische Intervention der internationalen Gemeinschaft. Ähnlich wie in Libyen waren es auch in Syrien Deserteure der Wehrpflichtarmee, die als Antwort auf die blutige Unterdrückung der Proteste zu den Waffen griffen, um die »Demonstranten zu schützen«. Doch es blieb nicht lange bei diesem defensiven Waffeneinsatz. Bald bildete sich ein unübersichtliches Netzwerk von Milizen und vagabundierenden Kämpfern, die vielfach ohne klare operative Führung und unkoordiniert gegen die militärischen und paramilitärischen Einheiten des Regimes vorgingen. Es folgte eine wachsende Eskalation der Gewalt seitens des Regimes und eine steigende, auch gezielte Brutalisierung bei bestimmten Rebellengruppen. Schließlich kam der Zeitpunkt, dass sich extremistische Gotteskrieger, radikale Salafisten und vermutlich auch einige Al-Qaida-Terroristen aus dem Irak unter die syrischen Freiheitskämpfer mischten.

Je länger der syrische Krieg andauert, desto mehr geraten die örtlichen Widerstandskomitees in die Hinterhand. Freiheit, Würde und eine wirtschaftliche Existenz heißen die Ziele, für die sie aufgestanden sind. Doch schon wurden in ihrem Namen Gefangene gefoltert und massakriert und wehrlose Zivilisten entführt und ermordet, die dem Regime nahestehen oder den ›falschen‹ Glauben haben. Die Täter stellen sich auf dieselbe Stufe wie die Schergen des Assad-Regimes und untergraben die moralische Rechtfertigung des syrischen Aufstands.

Die Opposition war von Anfang an gespalten. Die einen traten für umfassende politische Reformen ein, die anderen bestanden auf dem Sturz des Assad-Regimes. Die Spaltung vertiefte sich weiter, als sich ein Teil der Opposition bewaffnete und eine militärische Intervention des Auslands forderte. Die gewaltlose Oppositionsbewegung für Freiheit und Demokratie weist jede äußere Einmischung zurück, ist in den internationalen Medien aber kaum vernehmbar und steht unter massivem Druck der anderen Fraktionen. Die Rebellen in Syrien wiederum verbitten sich jede Einmischung der Exilopposition, des »Syrischen Nationalrates« (SNC). Diese Organisation besteht überwiegend aus Sunniten, die große Mühe haben, regimekritische Angehörige von Minderheiten wie Christen, Kurden oder Alawiten zur Mitarbeit zu bewegen. Die Sunniten selbst sind sich uneins, weil die Säkularen das Übergewicht der Muslimbrüder abwehren wollen, deren gesellschaftliche und staatliche Vorstellungen sie nicht teilen. Das innersyrische »Nationale Koordinationskomitee« (NCC) besteht aus langjährigen Dissidenten, die Syrien nicht verlassen haben und ihrerseits dem SNC misstrauen, weil sie die islamistische Ideologie der frommen Brüder ablehnen.

Stadtguerilla

MAI/JUNI 2012

Die Feuerpause, die der UN-Sondergesandte Kofi Annan im April 2012 verkündete, ist nie umfassend umgesetzt worden. Auch die Bemühungen der UN-Beobachter, die Waffenruhe zu überwachen, hat der Gewalt in Syrien kein Ende gesetzt, sie allenfalls zeitweise etwas eingeschränkt. Wechselseitige Massaker und Selbstmordattentate erschüttern die Moral der Bevölkerung auch im syrischen Frühsommer. Das Regime schürt verstärkt religiös motivierten Hass, und auch die Gegenseite entfacht hier und da solche Gefühle. Präsident Assad verkündet den »totalen« Krieg gegen seine Feinde, während sich die Rebellen mehr und mehr auf den städtischen Guerillakrieg verlegen. Mittlerweile sind sie besser bewaffnet und verfügen über mehr Finanzmittel. Die Gewaltakte der »Gotteskrieger« und der radikalen Salafisten spülen unterdessen Wasser auf die Propagandamühlen des Regimes, das immer wieder betont, es bekämpfe zum Wohle des Landes lediglich die vom Ausland eingesickerten »terroristischen Banden«. Das sind Töne, welche auf die inzwischen verängstigte schweigende Mehrheit in Syrien wirken könnten. Denn diese Menschen sehnen sich nach Ruhe und Sicherheit.

Das Regime steht offenbar unter größerem Druck als zuvor. Die Sicherheitskräfte haben zunehmend Schwierigkeiten, die besser koordinierten und schnell agierenden Rebellengruppen aufzuspüren. Die konventionell ausgerüstete syrische Armee ist weder dafür geeignet noch dazu ausgebildet, einen Guerillakrieg zu führen. Die Verluste aufseiten der Armee sind gestiegen. Offensichtlich bleibt der entscheidende Teil der Armee und der Geheimdienste aber weiterhin loyal, sodass das Regime keine unmittelbare Gefahr sieht, seine Macht zu verlieren. Mit anderen Worten, es scheint eine Art Pattsituation eingetreten zu sein, die durch äußerst brutale Gewaltakte auf beiden Seiten geprägt ist.[57]

Wie zu befürchten war, ist der syrische Konflikt mittlerweile kurzzeitig über die Grenze in den Nordlibanon geschwappt. In der sunnitisch geprägten Hafenstadt Tripoli, wo auch Alawiten leben, die seit jeher dem Assad-Regime verbunden sind, gab es einzelne Feuergefechte zwischen pro- und antisyrischen Fraktionen. Dasselbe gilt für die libanesische Hauptstadt Beirut. In beiden Fällen musste die libanesische Armee eingreifen und vor Ort Posten beziehen.

Der Kampf der Weltmächte um Syrien

Wie vor Jahrzehnten im Libanon wird auch der syrische Krieg von regionalen und internationalen Rivalitäten überlagert, die sich zu einem Kampf um die künftige Kontrolle über Syrien zugespitzt haben. Auf regionaler Ebene stehen sich der Iran auf der einen Seite und Saudi-Arabien mit den kleinen Golfmonarchien auf der anderen Seite gegenüber. Dieses Thema haben wir schon ausführlich behandelt.

Die an Zeiten des Kalten Kriegs erinnernde Konfliktlinie auf internationaler Ebene stellt die Vereinigten Staaten und Russland gegeneinander. Darüber hinaus sind die Spannungen zwischen dem Iran und der Türkei zu nennen: Der Iran ist der strategische Verbündete Syriens in der Region und die Türkei ist die äußere Macht, die der syrischen Opposition am meisten hilft. Ankara beherbergt den »Syrischen Nationalrat«, die »Freie Syrische Armee« und eine große Zahl syrischer Flüchtlinge.

Washington fordert ungeachtet des russischen Widerstands den Sturz des syrischen Präsidenten und tritt gleichzeitig für den UN-Friedensplan von Kofi Annan ein, der nach einer Waffenruhe vom Assad-Regime geführte Verhandlungen mit der Opposition vorsieht. Diese Haltung ist widersprüchlich. Die Erklärung dafür ist jedoch sehr einfach: Dahinter steckt der Druck Israels, das den US-Kongress und republikanische Falken an seiner Seite weiß. Es geht Jerusalem und damit den USA vor allem darum, den Iran zu isolieren und ihn seines regionalen Trumpfes zu berauben. Das heißt, Teheran soll den Zugriff auf die schiitische Hisbollah verlieren, der von der iranischen Stellung in Damaskus abhängt. Ist der Iran erst einmal aus Syrien verdrängt, hätte Israel sein wichtigstes Ziel erreicht. Damit wäre nämlich die Achse Teheran-Damaskus-Hisbollah zerbrochen, die in den letzten Jahren die vorherige strategische Überlegenheit Israels vom östlichen Mittelmeer bis zum Persischen Golf infrage gestellt hat.

Washington unterstützt die syrischen Rebellen aktiv, wie wir schon wissen. Und nimmt dabei wieder einmal in Kauf, dass Islamisten von dieser Hilfe profitieren, die auch hochentwickelte Kommunikationsausrüstung und nachrichtendienstliche Aufklärung umfasst. Allerdings sind die USA nicht darauf aus, sich selbst militärisch in Syrien zu engagieren. Sie wissen, dass eine solche Unternehmung ein unkalkulierbares Abenteuer wäre, das ihren eigenen Interessen nachhaltig schaden könnte. Ein direktes Eingreifen der amerikanischen Streitkräfte in welcher Form auch immer würde wahrscheinlich einen offenen Zusammenstoß mit Moskau nach sich ziehen. Das will Amerika nicht riskieren. Hinzu kommt, dass jede militärische Intervention verheerende Folgen für den ganzen Nahen und Mittleren Osten haben könnte. Nicht umsonst hat der UN-Sondergesandte Kofi Annan vor den Folgen gewarnt, falls der Konflikt weiter eskaliert: »Syrien ist nicht Libyen, es wird nicht implodieren, sondern es wird explodieren, mit einer Sprengkraft weit über seine Grenzen hinaus.« Mit anderen Worten, die strategisch bedeutsame Region würde noch erheblich instabiler werden, als sie es ohnehin schon ist. Religiös-sektiererischer Hass könnte sich ausbreiten, Israel müsste sich auf unsichere Grenzen einstellen, ebenso wie der Irak und die Türkei. Die Gefahr, dass der extremistische Islamismus auf längere Sicht in Syrien Fuß fassen könnte, wäre sehr real. Hier erfährt die Einschätzung des Syrienkenners Paul Salem eine nachdrückliche Bestätigung.

Was die Haltung Moskaus in der Syrienfrage angeht, so ist die Einschätzung von Dmitri Trenin, der das Moskauer Carnegie Center leitet, sehr bemerkenswert. Nicht die russischen Waffengeschäfte mit dem syrischen Regime oder der Nutzen der Versorgungsstation für die russische Kriegsmarine im syrischen Hafen von Tartus stehen dabei für Moskau im Vordergrund, sondern grundsätzliche Erwägungen, argumentiert Dmitri Trenin: »Der russischen Politik geht es bei Syrien, ähnlich wie zuvor bei Libyen, dem Irak oder Jugoslawien, in erster Linie um die internationale Ordnung. Es handelt sich aus russischer Perspektive darum, *wer entscheidet:* Wer entscheidet über die Anwendung militärischer Gewalt; wer entscheidet darüber, welche Akteure diese Gewalt einsetzen; und wer entscheidet, unter welchen Regeln, welchen Bedingungen und welcher Aufsicht militärische Gewalt angewendet wird. Das ist natürlich in Verbindung mit den nationalen Interessen Russlands zu sehen. Moskau ist besorgt darüber, dass die USA nach ihrem Gutdünken Gewalt einsetzen könnten, ohne irgendeiner äußeren Beschränkung zu unterliegen. Das könnte nahe der russischen Grenzen zu Interventionen von außen führen, oder sogar innerhalb dieser Grenzen – vor allem im Nordkaukasus. Moskau ist seit jeher gegen den Einsatz militärischer Gewalt ohne ein klares Mandat des UN-Sicherheitsrates. Das liegt in der Tatsache begründet, dass Russland als ständiges Mitglied des Rates über ein Vetorecht verfügt. Darüber hinaus lehnt Moskau es ab, das Konzept des Regimewechsels unter dem Druck einer ausländischen Macht zu akzeptieren. Hier geht es um das Prinzip der Nichteinmischung. (...) Kurzum, unter Wladimir Putin ist die Souveränität eines Staates und seine territoriale Integrität Glaubensartikel russischer Außenpolitik geworden.

Allerdings bleibt festzuhalten, dass Moskau im Fall Libyen von diesem Grundsatz abgewichen ist. Es hat sich bei dem Beschluss des Sicherheitsrates für eine Intervention enthalten. Dabei ging es um eine humanitäre Operation zur Rettung von Menschenleben in Bengasi. Nur, um dann zu erleben, dass die NATO ihr Mandat gröblich dazu missbraucht hat, einen Regimewechsel in Libyen herbeizuführen. Seither hat sich die russische Position in dieser Frage verhärtet.

Aber die Haltung Moskaus in der Syrienfrage wird auch durch den wahrscheinlichen Ausgang des Konflikts bestimmt. Die russische Furcht richtet sich darauf, dass ein gewaltsamer Sturz von Präsident Assad zuerst ein Chaos nach sich ziehen würde, das es radikalen Gruppen und Al-Qaida-Elementen erlauben würde, in Syrien Fuß zu fassen. Und das nur einige Hundert Meilen entfernt von Russlands eigenem, turbulentem Nordkaukasus. Obwohl es bei den dortigen Fragen um hausgemachte Probleme geht, lassen sich die kaukasischen Dschihadisten durch die Ereignisse im Nahen Osten inspirieren und erhalten auch Beistand aus der Region. Die Olympischen Winterspiele in Sotschi finden in weniger als zwei Jahren statt. Angesichts dessen ist Moskau darum bemüht, jeder Entwicklung vorzubeugen, die Russlands südliches Grenzland destabilisieren könnte.

All das erklärt, warum Moskau einer brutalen staatlichen Ordnung jedem möglichen Chaos den Vorzug gegeben hat. Trotz der Eskalation der Gewalt in Syrien ist bisher nichts geschehen, das Moskau gezwungen hätte, seine Position zu überdenken: Die syrische Armee hat sich nicht im Namen der Nation gegen Assad gewendet und die Klasse der einflussreichen Kaufleute, die das Schicksal des Regimes in ihren Händen halten, haben der Regierung noch nicht ihre passive Unterstützung entzogen. Nur wenn diese Konstanten sich entscheidend ändern und sich die Strömung definitiv gegen das Assad-

Regime dreht, wird Russland sich gezwungen sehen, seine Politik zu modifizieren. Doch abgesehen von solch dramatischen Entwicklungen könnte Russland dann bereit sein, mit Amerika zu kooperieren, wenn das Handlungsziel sich änderte. Wenn also statt eines Regimewechsels ein Übergangsprozess angepeilt würde, somit die Gewalt durch einen politischen Prozess ersetzt würde. Das würde den USA ebenso wie Russland eine Anpassung ihrer Prinzipien abverlangen, um ihre übergeordneten Interessen zu schützen. Und das könnte die einzige Aussicht auf eine internationale Zusammenarbeit in der Syrienfrage sein.«[58]

Die Ausführungen von Dmitri Trenin machen deutlich, dass Amerika und Russland den Schlüssel für den Beginn einer Deeskalation im syrischen Krieg in Händen halten. Ob die beiden rivalisierenden Mächte aber tatsächlich willens sind, aufeinander zuzugehen, um den Sturz Syriens in den Abgrund aufzuhalten?

Schon viele Tausende Menschen sind seit Beginn des Aufstandes getötet worden. Nach dem Abschuss eines türkischen Jagdflugzeugs durch syrische Raketen Ende Juni 2012 ist das türkisch-syrische Grenzgebiet spannungsgeladener denn je. Paul Salem schreibt, die syrische Krise scheine sich auf ihre finale Phase zuzubewegen. Der syrische Philosophieprofessor und langjährige Regimekritiker Sadik al-Azm sieht den Krieg in seiner Heimat auf Monate hinaus andauern. In einem persönlichen Gespräch sagt al-Azm, der einer der alteingesessenen und angesehenen sunnitischen Familien in Damaskus entstammt, die Annahme, dass sich die einflussreichen sunnitischen Kaufleute der städtischen Oberschicht früher oder später vom Regime abwenden würden, habe sich bisher nicht bewahrheitet. Zwar würden sunnitische Großkaufleute inzwischen auch Teile der Opposition unterstützen – vermutlich, um sich Optionen nach beiden Seiten offenzuhalten. Aber es sei durchaus denkbar, dass sie in ihrer Mehrheit die Bindung an den militärischen Komplex des Regimes erst lösen würden, wenn klar sei, dass die Revolution wirklich vor dem Sieg stehe.

Unbestritten ist, dass jeder »Friedensplan« nur dann eine Chance auf Erfolg hat, wenn die Krise entmilitarisiert wird. Deshalb müssen alle nur denkbaren Anstrengungen gemacht werden, um den syrischen Konflikt auf dem Verhandlungsweg zu beenden, bevor es zu spät ist. Dafür tragen die Großmächte die politische und die moralische Verantwortung.

Es mag jedoch durchaus sein, dass die Zeit für politische Lösungen schon verstrichen ist – so wie sich die Lage in Syrien im Spätsommer 2012 darstellt.

Schlussbetrachtungen

Das Jahr 2011 hat die Welt der Araber in ihren Grundfesten erschüttert. Vom Atlantik bis zum Arabischen Meer mussten selbstherrliche Autokraten um ihre Macht bangen, weil junge Männer und Frauen auf die Barrikaden gingen. Volksaufstände hat es in der Region zwar schon häufiger gegeben. Doch richteten sich diese seit dem späten 19. Jahrhundert fast immer gegen die Fremdherrschaft europäischer Kolonialherrn oder die Versuche des Westens, den Arabern fremde Interessen aufzudrängen. Dieses Mal war es anders. Die Völker erhoben sich gegen ihre eigenen Despoten, weil sie plötzlich dazu imstande waren, die Barriere der Angst zu überwinden. In Tunesien, Ägypten, Libyen und Jemen mussten die Tyrannen weichen. Der Enthusiasmus war groß und die Aufbruchsstimmung unter den Aktivisten zunächst kaum zu bremsen. Bald jedoch trat Ernüchterung ein: Ein schneller Wandel, der Freiheit, Würde und soziale Gerechtigkeit bringen sollte, ließ auf sich warten. Zu viele gegensätzliche politische Kräfte und ideologische Strömungen prallten aufeinander, während die Vertreter der alten Regimes alles daransetzten, begonnene Reformprozesse zu erschweren oder zu blockieren. Die Konterrevolution bemühte sich nachhaltig, das Rad der Geschichte zurückzudrehen.

Unterdessen wurde deutlich, dass die Islamisten in jenen Ländern, in denen das Volk sich erhoben hatte, die großen Nutznießer des Umbruchs sind. In Ägypten und Tunesien feierten sie bei den Parlamentswahlen grandiose Erfolge. Während in Tunesien der Übergang zu einem demokratisch verfassten System zwar schwierig, aber relativ geordnet verläuft, sieht das in Ägypten völlig anders aus. Auch wenn die Muslimbrüder durch eigene Fehler einen beträchtlichen Teil ihres Rückhalts bei der Wählerschaft wieder einbüßten, so bleiben sie doch die am stärksten im Volk verankerte Bewegung. Mit Mohammed Mursi stellen die Brüder außerdem den neuen Präsidenten, der allerdings in zentralen Fragen vorerst nur im Konsens mit dem Militärrat regieren kann.

Seit der Revolution haben die Generäle nur ein Ziel verfolgt: ihre Macht im Staate zu zementieren. Das Land am Nil ist durch dieses rücksichtslose Vorgehen immer tiefer in die Sackgasse geraten. Nun steht das zutiefst gespaltene Ägypten vor einem langen Prozess der politischen Neuorientierung und einer schwierigen Auseinandersetzung auf nationaler Ebene. Diese ist geprägt durch den Gegensatz und das Misstrauen zwischen Islamisten und säkularen Kräften. Erschwert wird das Ringen noch durch den gewachsenen Einfluss der Salafisten, deren Vorstellungen einer »Zivilgesellschaft« kaum als pluralistisch bezeichnet werden können. Eine der größten Herausforderungen für den Muslimbruder Mursi besteht darin, die Befürchtungen und Ängste der koptischen Christen zu zerstreuen. Sie misstrauen dem islamistischen Staatsoberhaupt. Mursi versucht zwar seit seiner Wahl, sie zu beruhigen, und verspricht, alle Ägypter gleichzustellen. Die Christen indes glauben ihm erst, wenn sie entsprechende Taten sehen.

Die Ägypter haben bisher nur einen ersten kleinen Schritt in eine ungewisse neue Zeit getan. Ihre Zukunft ist offen. Auch die anderen Länder stehen erst am Anfang eines Entwicklungsprozesses, der viele Jahre dauern wird. In Libyen, das sich faktisch in drei rivalisierende Regionen aufteilt, ist die Lage unruhig und zuweilen chaotisch, weil es überall im Lande vor unkontrollierten Milizen wimmelt. Dennoch gibt es Fortschritte. Am 7. Juli haben die Libyer zum ersten Mal seit fast sechzig Jahren frei und geheim gewählt. Sie hoffen nun, dass die neue Nationalversammlung imstande ist, das Land zusammenzuführen.

Der syrische Krieg, sein weiterer Verlauf, seine Dauer und sein Ausgang werden nicht nur über das Schicksal der syrischen Nation entscheiden, sondern auch die Entwicklung in der Levante und in der ganzen Region beeinflussen. Das künftige Verhältnis zwischen den beiden großen Glaubensgemeinschaften der Muslime, den Sunniten und Schiiten, wird von der Lösung der syrischen Frage mitgeprägt. Was aus Syrien wird, entscheidet nicht zuletzt auch über den politischen Einfluss des schiitischen Iran mitten im Herzen der arabischen Welt.

Am Persischen Golf wiederum fürchten sich die absoluten Monarchien vor der politischen Botschaft der Muslimbrüder, weil sie die Ausübung politischer Macht nur für legitim halten, wenn sie auf den ethischen Prinzipien des Islam beruht. Deshalb ist für die frommen Brüder weder in Saudi-Arabien noch in den Vereinigten Emiraten Platz. In Kuwait liegen die Dinge jedoch anders. Dort muss sich der Emir mit einem relativ einflussreichen Parlament auseinandersetzen. Dort ist eine islamistische Opposition vertreten, der auch Muslimbrüder angehören. Eine bemerkenswerte Ausnahme ist das Emirat Katar. Dort spielte Scheich Yusuf al-Karadawi eine wichtige Rolle. Der Scheich ist ein bedeutender spiritueller Führer der ägyptischen Bruderschaft und hat mit seiner islamischen Ratgebersendung »Die Scharia und das Leben« auf *Al Jazeera* viele Jahre in der gesamten arabischen Welt für Furore gesorgt. Die Fernsehstation gehört dem Emir und ist lange von einem Mann geleitet worden, der den Muslimbrüdern nahesteht. Angeblich gibt es ein

Zweckbündnis zwischen der katarischen Herrscherfamilie und der Bruderschaft, die dem kleinen, aber märchenhaft reichen Land fähige und fromme Fachleute für den Aufbau von Wirtschaft und Gesellschaft bescherte. Das Bündnis soll den mit absoluter Macht ausgestatteten Al-Thani-Clan vor Angriffen der frommen Brüder schützen. Es würde auch erklären, warum *Al Jazeera* im Gegenzug so wohlwollend über die Rolle der Islamisten bei den arabischen Volksaufständen berichtete. In dieses Bild passt zudem die massive Unterstützung der Muslimbrüder in Libyen und in Syrien durch das Emirat Katar, in dem übrigens die wahhabitische Version des Islam praktiziert wird, allerdings in einer gemäßigteren Form als in Saudi-Arabien.

Welchen Weg wollen die Araber gehen?

Das Ende der Angst, der Sturz der Tyrannen und das daraus erwachsene Selbstwertgefühl haben vielen Menschen in Ägypten und in anderen arabischen Ländern das Bewusstsein vermittelt, durch ihre kollektive Entschlossenheit Dinge verändern zu können. Es ist klar erkennbar, dass sie sich diese neue Kraft nicht mehr nehmen lassen wollen, trotz der Rückschläge und Gefährdungen des Errungenen, die es seit den Aufständen gegeben hat.

Andererseits sind viele Araber durch die Entwicklung in eine Identitätskrise geraten.

Sie fragen sich: Wer sind wir? Und wonach streben wir? Sind wir bekennende Muslime, die in einem Staat leben möchten, der uns eine relative Freiheit gibt, deren enge Grenzen durch den orthodoxen Islam bestimmt werden? Oder sind wir Staatsbürger, die frei sein wollen und die Grundwerte des Islam auch in einer demokratischen Gesellschaft fest verankert sehen möchten? Mit anderen Worten: Sollen die bürgerlichen Freiheiten und die Menschenrechte Eckpfeiler des neuen Systems sein, in dem der Islam jedoch ethisch und moralisch eine zentrale Rolle spielt?

Es geht somit um die mögliche Trennung von Politik und Religion und damit um die Neubestimmung des politischen Islam. Um eine Ordnung, in der keine politische Partei mehr das Recht hat, sich apodiktisch auf die göttliche Macht zu berufen. Um einen demokratischen Staat, der sich aus den spirituellen Werten des Islam speist und den Islam als Lebensform umfasst. Könnte das auf längere Sicht zu einer *islamischen Demokratie* führen?

Das türkische Modell

Islamistische Intellektuelle in Ägypten und Tunesien wiederum denken darüber nach, ob und inwieweit die Türkei als Modell dienen könnte bei der Bewältigung der Herausforderungen, vor denen ihre Länder stehen. Ähnlich wie im postrevolutionären Ägypten von heute war die türkische Politik in den beiden letzten Jahrzehnten hauptsächlich von autoritär-säkularen Kräften geprägt, die sich auf die Armee stützten, um ihre Vormachtstellung zu sichern. Ihnen gegenüber standen konservative Islamisten, die von den Autokraten lange unterdrückt und bedroht wurden, aber große Wahlerfolge aufwiesen. Schließlich gab es noch die Liberalen, die zwar überzeugte Demokraten waren, aber politisch wenig Einfluss hatten. Nach der Jahrtausendwende änderten sich die Verhältnisse in der Türkei auf dramatische Weise. Einige reformorientierte Schüler des erzkonservativen Islamisten Erbakan, darunter Tayyip Erdogan und Abdallah Gül, gründeten eine neue politische Bewegung, die dann in der »Partei für Gerechtigkeit und Entwicklung« (AKP) aufging. Die AKP gewann schnell bei den Parlamentswahlen und stellt seither die Regierung in Ankara. Erbakan und Gül verabschiedeten sich vom ideologischen Islamismus, konzentrierten sich auf wirtschaftliches Wachstum und engagierten sich sogar für den Beitrittsprozess der Türkei zur Europäischen Union. Bald fanden sie in den Liberalen Verbündete gegen die autokratischen Kräfte, die nicht mehr imstande waren, die gemäßigten Islamisten mithilfe eines Militärputsches, wie in den Neunzigerjahren, von der Macht zu verdrängen.[59]

Das »türkische Modell« belegt, dass der politische Islam wandlungsfähig ist und wirtschaftspolitisch erfolgreich sein kann. Doch ist es wirklich nachahmenswert, so wie es sich heute darbietet? Denn es zeigt sich schon seit einiger Zeit, dass Premierminister Erdogan zu autoritärem Gehabe neigt. Aufgrund seiner großen Mehrheit im Parlament und angesichts der schwachen Opposition findet sich gegenwärtig niemand, der ihn in die Schranken verweist: Er hat begonnen, die Justiz mit Parteigängern zu unterwandern, missachtet die Pressefreiheit und versucht, bestimmte Erziehungsbereiche zu islamisieren.

Eine andere Frage ist, ob der Ägypter Mursi und seine Muslimbrüder überhaupt willens und in der Lage sind, dem »Erdogan-Modell« zu folgen. Denn dazu müssten sie sich ideologisch häuten. Die ägyptischen Muslimbrüder sind weit weniger »modern« als die türkischen Islamisten, deren geschäftstüchtige Mittelklasse sehr pragmatisch und weltoffen ist. Der gemäßigte Chef der tunesischen Renaissance-Partei, Raschid al-Ghannouchi, der sich schon mehrfach auf die AKP berufen hat, mag schon eher dazu berufen sein, das »türkische Modell« nachzubauen.

Der arabische Frühling war kurz, doch er hat viele Fragen aufgeworfen, auf die es noch keine Antworten gibt. Der Sturz der Tyrannen und dessen Folgen zwingt die arabische Seele zur Selbsterforschung und Neuorientierung. Der Aufstand der Araber markiert eine historische Zäsur, die einen mühevollen Wandlungsprozess ausgelöst hat, an dessen Ende die Araber vielleicht eine neue soziokulturelle Identität gefunden haben werden – und die ihr entsprechende Staats- und Gesellschaftsordnung.

Kleines Islam-Glossar

al-Azhar Al-Azhar ist die älteste Universität Kairos. Im 10. Jahrhundert als Moschee erbaut, gilt sie heute als theologisches Zentrum für den sunnitischen Islam. Der Rektor der al-Azhar gilt als höchste Autorität in Glaubensfragen. Obwohl die Hochschule staatlich kontrolliert wird, gewinnen die Islamisten seit einiger Zeit immer mehr an Gewicht in der Studentenschaft und im Lehrkörper. Sie fordern ein Ende der staatlichen Kontrolle und die Wahl des Rektors durch die Universitätsgremien.

Dschihad Der Begriff ist im Koran mehrfach erwähnt und bedeutet den Einsatz jedes gläubigen Muslims im Kampf für den Islam. Ursprünglich bezieht sich Dschihad auf die Unterstützung der Muslime bei den politischen und militärischen Unternehmungen des Propheten gegen die Feinde des Islam. Es handelt sich um eine Art »Gottesdienst unter Waffen«, zu dem jeder angesehene Muslim, also auch ein Privatmann, aufrufen kann. Die Pflicht zum Dschihad betrifft nur volljährige Muslime. Heute wird dieser Kampf von militanten Muslimen proklamiert, die ihre Vorstellung eines islamischen Gottesstaates verwirklichen wollen. Teilweise wird auch der innere Kampf gegen das Böse der menschlichen Seele als Dschihad verstanden; das gilt vor allem für die Vertreter der mystischen Strömungen im Islam.

Fatwa Eine Fatwa ist ein islamisches Rechtsgutachten auf Grundlage der islamischen Rechts- und Gesellschaftsordnung, der Scharia.

Freitagsgebet Die muslimische Gemeinde kommt an diesem Wochentag in der Mittagszeit zum gemeinsamen Gebet zusammen. Die Teilnahme ist Pflicht für alle Männer. Obwohl es im Islam keine Vorschrift gibt, den Freitag durch Ruhe zu heiligen, sind in vielen Ländern die Schulen, Ämter und auch ein Teil der Geschäfte geschlossen.

Fünf Säulen des Islam Das fünfmalige tägliche Gebet zu festgelegten Zeiten gehört zu den Grundpflichten der Muslime. Die anderen Säulen des Islam sind das Glaubensbekenntnis, die Almosensteuer, das Fasten im Monat Ramadan und die Wallfahrt nach Mekka, an der jeder Muslim wenigstens einmal im Leben teilnehmen soll, wenn er sich das finanziell und auch sonst erlauben kann.

Hadithe Damit sind die Überlieferungen der Handlungen und Worte des Propheten gemeint. Sie stellen neben dem Koran die zweite Quelle des islamischen Rechts dar und geben jedem Gläubigen wichtige Handlungsanweisungen für das tägliche Leben.

Imam Der Imam ist der Vorbeter oder Vorsteher einer muslimischen Gemeinde. Mit diesem Titel wird ebenfalls eine Person angeredet, die besondere religiöse Autorität genießt.

Kalif Als Kalifen wurden nach dem Tod des Propheten im Jahr 632 n. Chr. seine Nachfolger bezeichnet. Die oberste Pflicht des Kalifen bestand darin, dafür zu sorgen, dass die Gesetze des Koran eingehalten wurden. Dabei verfügte er über grenzenlose Macht und unterlag keinerlei irdischer Kontrolle. Allerdings war der Kalif oft auf die Lehrmeinung der Ulema angewiesen, weil er den »richtigen Islam« durchsetzen musste.

Koran Der Koran ist die heilige Schrift des Islam. Die göttlichen Offenbarungen, die der Prophet Mohammed empfing, wurden erst ein Vierteljahrhundert nach seinem Tod gesammelt und zu einem einzigen Text zusammengefügt. Für die Muslime enthält das Buch das endgültige »Wort Gottes«. Der Koran berührt alle Lebensbereiche, und die juristischen Verse sind die wichtigsten Quellen des islamischen Rechts, der Scharia. Viele Koran-Verse sind sehr allgemein gehalten, daher war die Schrift von Anfang an auslegungsbedürftig.

Muezzin Der Muezzin ruft die Muslime fünfmal am Tag zum Gebet auf. Früher stand der Muezzin auf dem Minarett der Moschee, heute wird der Ruf zum Gebet per Tonband und Verstärker übertragen.

Mullah Mit diesem Titel wird im schiitischen Islam ein Religionsgelehrter bezeichnet. Es gibt keine festgelegte Ausbildung zum Mullah; es muss sich nur eine Gruppe von Gläubigen um den Gelehrten versammeln, der sein Ansehen aufgrund seiner Schriften und mündlichen Darlegungen erworben hat.

Prophet Mohammed ist der Religionsstifter des Islam. Er wurde etwa 570 n. Chr. in Mekka geboren und starb 632 in Medina. Mohammed empfing die göttliche Offenbarung nach eigener Darstellung durch den Erzengel Gabriel. In Mekka stießen die politischen und sozialen Vorstellungen des Propheten auf Ablehnung, deshalb ging er 622 mit seinen Anhängern nach Medina. Mit dem Auszug Mohammeds aus Mekka beginnt die islamische Zeitrechnung.

Ramadan Der Fastenmonat der Muslime. Während der dreißig Tage ist es den Gläubigen tagsüber untersagt, zu essen, zu trinken oder zu rauchen. Ferner sollen sie sich der körperlichen Liebe enthalten. Kranke und stillende oder menstruierende Frauen sind vom Fasten befreit. Nach Sonnenuntergang ist es gestattet, das Fasten zu brechen. Der religiöse Sinn des Fastens besteht für die Muslime in der Vergebung ihrer Sünden.

Salafisten Die Salafisten vertreten eine strikte Auslegung des Koran, die manche unter ihnen notfalls auch mit Zwang durchsetzen wollen, so wie das etwa in Saudi-Arabien durch die sogenannte Religionspolizei geschieht. Die Salafisten streben eine islamische Ordnung an, in der staatliches und gesellschaftliches Handeln allein durch das islamische Recht der Scharia reguliert werden soll. Den modernen, säkularen Staat lehnen sie ab. Der Begriff Salafismus bezieht sich auf eine Interpretation des Islam, die darauf abzielt, zur ursprünglichen Glaubenspraxis zurückzukehren. Es geht also um den »unverfälschten« Ur-Islam, so wie er ihrer Ansicht nach zu Lebzeiten des Propheten Mohammed existierte und von den ersten Generationen seiner Anhänger nach seinem Tod im 7. Jahrhundert praktiziert wurde. Diese frühen Muslime bezeichnet man als die *Salaf* oder die Vorväter. Die Salafisten berufen sich auf das Vorbild dieser »rechtgeleiteten« Altvorderen und bestehen auf der *wörtlichen* Auslegung des Koran und der Sunna. Der salafistische Islam ist eine totale, für alle Lebensbereiche gültige Ideologie.

Scharia Die Scharia (»der Weg«) besteht aus Gesetzestexten, die später als der Koran geschrieben wurden. Was wir heute »islamisches Recht« nennen, ist erst viele Jahre nach dem Tod des Propheten entstanden. Die Scharia ist die Auslegung des Koran und der dem Propheten zugeschriebenen Verhaltensweisen, der »Sunna«, durch die islamischen Rechtsgelehrten. Es handelt sich also um die Interpretation der »göttlichen Botschaft«, die dem Propheten offenbart wurde. Daran haben die Rechtsgelehrten in den ersten drei Jahrhunderten nach dem Tod von Mohammed gearbeitet und ihre Deutung schließlich zur »lex divana«, zum »göttlichen Recht« von ewiger Dauer erklärt. In den letzten tausend Jahren ist dieses Normengebäude nicht wesentlich verändert worden, obwohl die Gesetzestexte von Menschen geschaffen wurden und deshalb keineswegs frei von Irrtümern sind.

Sufi-Islam Mystische Strömungen im Islam. Die Sufi-Muslime streben durch Askese und Meditation nach der persönlich empfundenen Gottesnähe im Unterschied zu den orthodoxen Muslimen, die sich auf die genaue Befolgung der Vorschriften und Verhaltensregeln des Islam konzentrieren.

Sunniten – Schiiten Im 7. Jahrhundert spaltete sich die muslimische Gemeinschaft in Sunniten und Schiiten. Nach dem Tode des Propheten Mohammed (632 n. Chr.) kam es zu einem blutigen Streit um die Macht. Da man sich nicht mehr auf einen gemeinsamen Weg einigen konnte, entstanden zwei große Gruppen. Die eine bildeten die Sunniten, die dem vom Propheten vorgezeichneten Weg, der »Sunna«, folgten. Die andere, zahlenmäßig viel kleinere, waren die Schiiten. Ihr Name ist vom arabischen Wort für Partei, »Schia«, herzuleiten. Während die Sunniten demjenigen Führungsanspruch zubilligten, der ein guter Muslim aus dem Stamm der Quraisch (dem einflussreichsten Stamm in Mekka) und demokratisch von einer Mehrheit gewählt worden war, hatten die Schiiten viel engere Vorstellungen. Das Oberhaupt der Muslime konnte für sie nur ein Blutsverwandter des Propheten sein. Da er aber keine überlebenden Söhne hatte, setzten sie ihre Hoffnungen auf Ali, den Schwiegersohn und Vetter von Mohammed. Doch Ali konnte sich in den zum Teil blutig ausgetragenen Zwistigkeiten mit seinen Rivalen nicht halten und wurde 661 n. Chr. ermordet. In den folgenden Jahrhunderten bildeten sich bei den Sunniten und Schiiten noch weitere Untergruppen.

Ulema Als Ulema werden islamische Theologen und Rechtsgelehrte bezeichnet, die den Koran und alle anderen heiligen Texte des Islam auslegen. Ihrem Urteil mussten sich in der Geschichte selbst die Herrschenden oft beugen, wenn es um den »wahren Islam« ging. Die Ulema bilden auch heute das religiöse Establishment bei den Sunniten und beanspruchen unverändert das Monopol auf die Interpretation der islamischen Quellen. Damit entscheiden sie über einen möglichen Reformprozess in der islamischen Welt.

Umma Die Gemeinde aller Muslime weltweit. Jeder gläubige Muslim gehört zur Umma, unabhängig von seiner Nationalität, Rasse oder Sprache.

Wahhabiten Die wahhabitische Lehre stammt aus dem 18. Jahrhundert und ist von Mohammed Ibn Abd el-Wahab begründet worden. Sie ist eine Spielart des Salafismus. Die Wahhabiten waren Anhänger einer strengen Reformbewegung auf der arabischen Halbinsel, die mystische Praktiken ihrer Zeit wie die Heiligenverehrung als religiösen Verfall anprangerte und die »Reinheit« des Islam mit Gewalt wiederherstellen wollte. Die puritanischen Fanatiker erklärten das Rauchen zu einer ungesetzlichen Handlung und bestraften das Scheren des Bartes mit Peitschenhieben. Wer das gemeinsame öffentliche Freitagsgebet versäumt und keine Almosensteuer entrichtet, wird als »Ungläubiger« betrachtet und kann dafür getötet werden. Die Wahhabiten haben früher grundsätzlich alle Neuerungen verteufelt, was dem saudischen Königshaus, das mithilfe der radikalkonservativen Sekte an die Macht gekommen ist, in den vergangenen Jahrzehnten erhebliche Probleme bereitete.

Anmerkungen

1. vgl. Jonathan Brown, Salafis and Sufis in Egypt, Carnegie Paper, Dezember 2011
2. vgl. Omar Ashour, Institute of Arab and Islamic Studies, University of Exeter, visiting fellow, Brookings Doha Center; *The Daily Star,* The unexpected rise of Salafists has complicated Egyptian politics, 6. Januar 2012; Egypt Elections, Brookings Opinions, 3. Januar 2012
3. vgl. Jonathan Brown, a. a. O.
4. vgl. M. E., Owen Bennett Jones, Salafist groups find footing in Egypt after revolution, BBC News, 6. April 2011
5. vgl. F. De Jong, »Die mystischen Bruderschaften und der Volksislam«, in: Ende/Steinbach, Der Islam in der Gegenwart, München 1989, S. 487
6. vgl. ebenda, S. 488
7. vgl. Omar Ashour, a. a. O.
8. ebenda
9. vgl. Jonathan Brown, a. a. O., S. 9
10. ebenda, S. 14
11. ebenda, S. 13
12. vgl. Alexander Flores, Der Islam – Korsett oder weiter Mantel?, *Neue Züricher Zeitung,* 10. Dezember 2011
13. vgl. Konrad Dilger, Strafrecht, in: Ende/Steinbach, a. a. O., S. 188
14. Alexander Flores, a. a. O.
15. vgl. Marcel Pott, Allahs falsche Propheten, Bergisch Gladbach 1999, S. 342
16. Solava Ibrahim, Why are Egyptians and the west surprised by the Islamists' victory in post-revolutionary Egypt?, openDemocracy, 13. Januar 2012, www.opendemocracy.net/print/63657
17. vgl. Jodie Sanger-Weaver, Elections in Egypt: The Muslimbrotherhood, Theocracy And Democracy, Prospect – Journal Of International Affairs At UCSD, November 2011
18. Interview Shadi Hamid, Revolution in Cairo, FRONTLINE-PBS, 9. und 12. Februar 2011 – www.pbs.org/wgbh/pages/frontline/revolution-in-cairo/interviews
19. vgl. ebenda
20. vgl. Carrie Rosefsky Wickam, The Muslimbrotherhood after Mubarak, 3. Februar 2011, www.foreignaffairs.com/articles

21. vgl. Samuel Tadros, Egypt's Muslimbrotherhood after the Revolution, Current Trends in Islamist Ideology, Volume 12, Hudson Institute, 18. Oktober 2011, S. 11 ff. – www.currenttrends.org/
22. vgl. ebenda
23. vgl. Khalil al-Anani, Egypt's »blessed« Salafi votes, The Middle East Channel, 2. Mai 2012
24. vgl. Ashraf el-Sherif, Egypt's New Islamists: Emboldening Reform from Within, Sada – Analysis on Arab Reform, 12. Januar 2012
25. vgl. ebenda
26. vgl. Khaled Elgindy, Egypt's Troubled Transition: Elections without Democracy, Center for Strategic and International Studies, Washington, Spring 2012, S. 99 f. – https://csis.org/print/36081
27. Marwa Awad, In Egypt's military, a march for change, *The Daily Star,* Beirut, 10. April 2012
28. vgl. Zeinab Abul-Magd, assistant professor at the American University in Cairo and Oberlin College, The Egyptian Republic of Retired Generals, Foreign Policy, The Middle East Channel, 8. Mai 2012
29. vgl. ebenda
30. Marwa Awad, a. a. O.
31. ebenda
32. ebenda
33. ebenda
34. ebenda
35. ebenda
36. International Crisis Group, Lost in Transition: The World according to Egypt's SCAF, M. E. Report N° 121, 24 April 2012, S. 11
37. ebenda, S. 12
38. vgl. Rania Al Malky, How Egypt's Islamists Lost the First Round, *The Cairo Review of Global Affairs,* 29. Mai 2012
39. vgl. Marina Ottaway, Good News Before More Battles in Egypt – Egypt's Transition, Carnegie Middle East Program, 25. Juni 2012
40. Mukul Devichand, BBC Radio 4, 12. Februar 2012
41. ebenda
42. ebenda
43. Alan Little, Renaissance Party offers clean break to Tunisian voters, BBC News, Tunis, 25. Oktober 2011
44. Aidan Lewis, Profile: Tunisia's Ennahda Party, BBC News, 25. Oktober 2011
45. Mukul Devichand, a. a. O.
46. ebenda

47. Monia Ghanmi, for Magharebia in Tunis – 09/03/12 – www.magharebia.com
48. ebenda
49. Lin Noueihed and Tarek Amara, iol news, 26. März 2012, www.iol.co.za/news/world/
50. Erik Churchill, Aaron Zelin, A Balancing Act: Ennahda's Struggle with Salafis, 19. April 2012, Sada – Carnegie Endowment for International Peace
51. Maghrebia, 22/5/2012, www.maghrebia.com
52. Gilles Kepel, The Arab Revolutions, Political Islam and Democratic Transitions, 29. Februar 2012, event summary, Brookings Doha Center
53. vgl. Eugene Rogan, Regional Overview, S. 6, Conservative Middle East Council – The Arab Spring
54. vgl. Abdel Bari Adwan, Libya's best hope for unity is democratic elections, guardian.co.uk, Montag, 11. Juni 2012
55. vgl. Omar Ashour, Libya's Muslim Brotherhood faces the future, 9. März 2012, The Middle East Channel
56. Frank Gardner, How vital is Syria's Tartus port to Russia? – 27. Juni 2012, BBC News Middle East
57. vgl. Patrick Seale, The Syrian Crisis Turns Uglier, 23. Mai 2012, middle east online
58. Dmitri Trenin, Syria: A Russian Perspective, 28. Juni 2012 – Sada, Analysis on Arab Reform, Carnegie Endowment for International Peace
59. vgl. Mustafa Akyol, Turkey as a Case Study, Room for Debate, *The New York Times,* 25. Juni 2012

Register

Paris
Deutschland
Tschechien
Slowakei
München
Österreich
Ungarn
Schweiz
Frankreich
Slowenien
Kroatien
Genua
Serbie
Italien
Kosovo
Marseille
Spanien
Rom
Barcelona
Madrid
Portugal
isabon
Algier
Tunis
Malta
Tunesien
Rabat
Tripolis
Bengasi
Marokko
Marrakesch
Algerien
Libyen
uretanien
Mali
Niger
Tschad
Burkina
Faso
nea
Benin
Nigeria
Elfenbein-
küste
Ghana
Republik
Zentralaf
Togo
Kamerun
iberia
Äquatorial
Guinea